Frank Schmeißer

Jungs sind keine Hamster

Frank Schmeißer

Jungs sind keine Hamster

auch wenn sie manchmal am Rad drehen

Ravensburger Buchverlag

Bibliografische Information der Deutschen Nationalbibliothek:
Die Deutsche Nationalbibliothek verzeichnet diese Publikation
in der Deutschen Nationalbibliografie; detaillierte bibliografische Daten
sind im Internet über ***http:dnb.d-nb.de*** abrufbar.

MIX
Papier aus verantwortungsvollen Quellen
FSC® C014496
FSC
www.fsc.org

**Das für dieses Buch
verwendete FSC®-zertifizierte Papier liefert
Arctic Paper Mochenwangen GmbH**

1 2 3 14 13 12

Umschlag- und Innengestaltung: formlabor/Ute Kleim
unter Verwendung eines Fotos von plainpicture/Mira,
istockphoto.com/Robyn Mackenzie, istockphoto.com/risck,
istockphoto.com/rusm
Lektorat: Britta Keil

Printed in Germany

ISBN 978-3-473-40082-9

www.ravensburger.de

Hannahs
Ratgeber

Alles wird anders

Bom! Bom! Bom! Jemand schlug gegen meine Tür.

„Was ist denn das für ein Lärm da oben?“ Die Stimme meiner Mutter schallte durch das Treppenhaus.

„Die hat sich eingeschlossen und lässt mich nicht in mein Zimmer!“

Die da behauptete, dieses, mein Zimmer, wäre ihres, war unsere putzige Jette. Ich nannte sie nur Barbie.

„Quatsch. Ich hab ihr doch den Schlüssel abgenommen“, erwiderte meine Mutter und kam die Treppen hoch. Selbst wenn eine Horde Marathonläufer sie dabei begleitet hätte, hätte ich die Schritte meiner Mutter rausgehört. Das war auch nötig. Denn Mutter gehörte zu den Menschen, die sehr gerne ungefragt und ungebeten überall reinplatzten. Da war es von Vorteil, sie rechtzeitig zu hören. Um sich schlafend zu stellen zum Beispiel oder um so zu tun, als würde man fleißig lernen. Man kann ja schließlich nicht immer sein Zimmer abschließen.

Drei Dinge, die man nur hinter verschlossener Tür tun sollte:

1. Das geheime Tagebuch seiner beknackten Stiefschwester lesen. (Mach ich noch.)
2. Seiner Stiefschwester im Schlaf eine beknackte Dauerwelle verpassen. (Mach ich noch.)
3. Vor dem Spiegel eine sexy Rocksängerin spielen. (Hab ich schon.)

„Dann hat sie irgendwas vor die Tür geschoben. Auf alle Fälle macht sie nicht auf!“, empörte sich Barbie.

Barbie oder auch Jette war meine neue, angeblich engelsgleiche Stiefschwester. Blondes Haar. Blaue Kulleraugen. Weiße Zähne wie aus einem Hollywoodfilm. Zu schön, um echt zu sein. Zu schön, um nett zu sein. Barbie war fies. Saufies. Besonders zu mir. Sie behandelte mich, als hätte ich die Pest, Cholera oder ihre Schminkutensilien gefressen. In ihren Augen war ich ein hässlicher Troll, der eigentlich unter dem Haus wohnen müsste.

„Lass mich mal.“ Mutter war angekommen und klopfte genervt gegen die Tür. Dreimal. Und zwar schnell. Klopf! Klopf! Klopf!

„Herein, die Tür ist offen!“, flötete ich so fröhlich wie möglich.

„Sag ich doch“, sagte Mutter und lief gegen die verrammelte Tür. Ich lachte laut.

„Hannah Eislage! Öffne sofort die Tür!“, befahl sie.

Dann rüttelte sie heftig an der Klinke. Ich grinste.

„Hannah, mach die Tür auf!“ Bom! Bom! Bom!

Mein dicker Sessel zitterte, aber bewegte sich keinen Millimeter. Damit und mit meinem circa ein Kilo schweren Nachttisch aus Plastik hatte ich die Tür verbarrikadiert.

„Nie im Leben! Das ist mein Zimmer!“, schrie ich und dachte darüber nach, was wohl so ein Türsteher verdiente und wie viele Zeitungen ich austragen müsste, um mir einen leisten zu können. So einen muskelbepackten, humorlosen Du-kommst-hier-nicht-rein-Riesen, der rund um die Uhr vor meiner Tür Wache hielt. Aber da ich keinen Türsteher hatte, musste ich meine Haltung zu meinem Zimmer schriftlich festhalten.

„Außerdem habe ich meine Forderungen an die Tür geklebt. Lies sie!“, forderte ich meine Ma auf.

So wie Martin Luther, dachte ich. Den hatten wir letztens in Reli durchgenommen. Nachdem er einen Wisch mit seinen Thesen ans Kirchentor gehämmert hatte, musste er fliehen und irgendwo im Verborgenen leben. Mir schien das eine prima Alternative zu sein. Ich hörte, wie Mutter den Briefumschlag von der Tür abriss und laut vorlas.

Drei gute Gründe, warum Hannah Eislage ihr Zimmer nicht verlassen wird:

1. Es ist Hannahs Zimmer.
2. Es ist nicht Barbies Zimmer.
3. Barbie soll zu Ken in den Spielwarenladen ziehen.

Ich liebe Listen. Keine Ahnung, warum. Wahrscheinlich weil einem Listen helfen, sich auszudrücken oder sein eigenes und das chaotische Leben im Allgemeinen besser zu verstehen und zu meistern. Und den Irrsinn zu sortieren. Irgend so etwas.

„Hör auf, mich Barbie zu nennen, du blöde Ziege!", brüllte Jette sauer.

„Na, na, lass mal gut sein, Jette. Das führt doch zu nichts", versuchte Hannes seine Tochter zu beruhigen. Hannes ist der neue Freund meiner Mutter. Und der war heute mit Sack und Pack, hässlichen Möbeln, nerviger Tochter und coolem Sohn bei uns eingezogen. Und deshalb flogen überall in unserem alten Haus fremde Klamotten, Bücher und unnützer Krempel rum. In unserem Flur hatten sie mit Umzugskisten und Kartons sogar die Alpen nachgebaut. Da war an Drüberkommen ohne Sauerstoffmaske und Rettungsseil nicht zu denken. Furchtbar. Als ob die alte Bruchbude nicht schon dank unserer hässlichen Sachen schäbig genug aussah. Jetzt müllten auch noch Fremde das Haus voll. Ganz grausam fand ich das. Und gefragt hatte mich natürlich auch niemand, ob die bei uns einziehen durften. Das hatte meine Mutter ganz alleine entschieden. Genauso wie sie mit der Aushilfsbarbie Jette heimlich ausgekungelt hatte, dass sie mein Zimmer kriegen sollte. Angeblich, weil nur mein Zimmer groß genug für Jette und ihre hochtrabenden Pläne war. Jette wollte Model werden und dafür benötigte sie natürlich ein Zimmer, das genug Platz bot, um affig Rumstolzieren zu üben. Daher sollte ich, der Modemuffel und Zwerg, in ein Loch ziehen. Direkt unter dem Dach. Wo es im Sommer knallheiß und im Winter prima zugig war, um wirklich das ganze Jahr über unglücklich zu sein.

„Kompromisse gehören in einer Familie dazu!", redete Mutter ihren Verrat schön. Dabei war ich mir sicher, dass sie sich nur Jettes Freundschaft erschleichen wollte. Die hatte nämlich genauso wenig Lust dazu, mit uns zusammenzuziehen, wie ich mit ihnen.

Mein Zimmer abzugeben fand ich schlimm, aber noch mehr schockierte mich, dass meine Mutter dieses furchtbare Gebilde aus uns und irgendwelchen Leuten „Familie" nannte. Das bedeutete nämlich nichts anderes, als dass wir nun wirklich und auch ganz offiziell, wie man so schön sagt, eine Patchworkfamilie waren. Patchworkfamilie. Blödes Wort. Ich fand, Hottentotten, Gefängnisinsassen oder Irrenhaus beschrieb uns besser. Aber die Behauptung, wir wären jetzt eine ganz moderne, coole Patchworkfamilie, brachte meine Mutter ganz aus dem Häuschen. Die fand alles irgendwie toll, was englisch klang.

„Mach auf, du blöde Kuh!", schrie Jakob. Bom! Bom! Bom!

„Don't say blöde Kuh!", maßregelte Mutter meinen kleinen Bruder.

„Sag ich wohl!", schrie der zurück. „Wegen der gibt es kein Abendbrot. Und ich will Abendbrot, weil du mir Würstchen und Pommes versprochen hast!"

„You will get your Würstchen soon!" Mutter klang genervt. Dass Mutter mit meinem Bruder ein fürchterliches Englisch sprach, begründete sie übrigens mit Frühförderung. Sie wollte ihn zweisprachig großziehen. Zwar konnte der kleine Blödmann Förderung gebrauchen, aber den Versuch, ihm als Nicht-Muttersprachlerin Englisch beizubiegen, hielt ich für peinlichen Unsinn. Peinlich für uns alle! Schließlich stammelte sie ihn auch in der Öffentlichkeit lautstark auf Englisch an. So wie letztens in der total überfüllten Fußgängerzone: „No, Jakob. First we must go to the Shoppingcenter because Hannah needs a new … äh … Unterhose!" Jedes Mal würde ich dann am liebsten sofort vor Scham und auf Nimmerwiedersehen im Boden versinken.

„Und wann kriege ich meine Würstchen?" Mein Bruder begann die Verhandlungen.

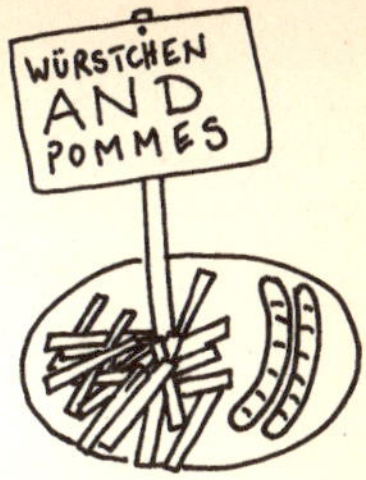

„Soon."

„Ich will die nicht bald. Ich will die jetzt!"

Ich will. Ich will. Ich will. Mein Bruder war die fleischgewordene Trotzphase. In der Regel durchleben Kinder ja verschiedene davon. Die normalerweise kommen und dann wieder gehen. Zum Luftschnappen für die Eltern, bevor die nächste Wutwelle anrauscht. Anders bei meinem Bruder. Der kam schon bockig auf die Welt und blieb so. Ein echter Stinkstiefel. Eine Dauertrotzphase mit Rotznase sozusagen. Frisch aus der Hölle geliefert.

Die Tür schepperte gegen meinen Sessel. Der begann zu schwanken. Sofort drückte ich meinen Rücken fest gegen die Lehne.

„Mach …" Bom! „… endlich die …" Bom! „… verdammte Tür auf!" Bom! „Ich will …" Bom! „… in mein Zimmer!"

„Hör auf, Jette. Du machst noch die Tür kaputt!", hörte ich Hannes.

Papa ist vor knapp einem Jahr ausgezogen. Die Trennung meiner Eltern werfe ich Hannes nicht vor. Die waren im Grunde schon seit Ewigkeiten getrennt gewesen, ohne es zu merken.

Und außerdem war Hannes eigentlich ganz okay, fand ich. Etwas schweigsam vielleicht und etwas zu nachgiebig, was seine Tochter anging. Er war Wachs in Jettes Händen.

„Daddy, die Nervensäge blockiert nun mal die Tür. Was soll ich denn sonst tun, um in mein Zimmer zu kommen?"

„Ja, Schätzchen, das verstehe ich natürlich. Aber das geht bestimmt auch anders.“

„Ja, Schätzchen, das verstehe ich natürlich“, äffte ich ihn leise nach und stellte mir Jette vor, wie sie mit Augenklimpern und Hundeblick ihren Vater um den Finger wickelte, als wäre er eine Haarsträhne, ein Pflaster oder eine weich gekochte Nudel.

„Lasst sie doch einfach in Ruhe. Schließlich ist das ihr Zimmer“, sagte David ruhig. David war der große Bruder von Jette und mindestens die coolste Sau des Universums. Der trug Schlabberklamotten, spielte in einer Rockband, sah teuflisch gut aus und war, seitdem wir uns kannten, nett zu mir. David hatte bereits Mutters ehemaliges Büro bezogen. Es war zwar eher klein, aber das machte David nichts aus. Er hatte eh nur ein Bett, eine Lampe, eine große Truhe, einen Sack voll Wäsche und seine Gitarre inklusive Verstärker reingewuchtet und war fertig. Sein Zimmer lag direkt neben meinem.

„Das ist nicht ihr Zimmer, sondern meins!“, protestierte Jette und Mutter sagte nur: „Lassen wir ihr einfach noch etwas Zeit und gehen runter essen. Come on, Jakob. Let’s go downstairs eating Würstchen and Pommes.“

Und mir wurde mal wieder klar, dass die zukünftigen Englischlehrer meines Bruders Jahre brauchen würden, um dieses Kauderwelsch aus seiner Birne zu hämmern. Viel Spaß dabei. Schritte entfernten sich und meine Belagerer polterten die alten, knarrenden Stufen runter.

Ich ließ meinen Blick über das Chaos in meinem Zimmer wandern. Es sah aus, als wäre auch ich gerade erst hier eingezogen und hätte noch keine Zeit dazu gefunden, meinen Krempel in den Schrank oder die Regale zu räumen. Die waren nämlich leer. Was man vom Fußboden oder von meinem Bett nicht behaupten konnte. Aber wozu sollte ich jetzt noch aufräumen? Irgendwann würde ich die Barrikade vor der Tür ja doch abbauen müssen.

Mein Zimmer lag im ersten Stock. Die nächsten Jahre Tag für Tag aus dem Fenster raus- und reinzuklettern, war kaum zu machen. Vor allem nicht vor dem Urlaub mit dicken Koffern und so. Da käme ich nie heil runter und vor allem nicht wieder hoch. Und bescheuert sähe das mit Sicherheit auch aus. So mit Koffern im Baum. Aber zumindest wollte ich Barbie noch so lange nerven, wie es nur eben ging. Und zwar aus Prinzip. Nicht weil ich sie nicht leiden konnte.

Entfernt hörte ich dumpfes Geschnatter. Vorsichtig stand ich auf. Mein Zimmer lag direkt über der Küche und der alte Holzfußboden knarzte, wenn man auf die falschen Dielen trat. Ich wollte aber kein Lebenszeichen von mir geben. Sonst hätte ich die Bagage gleich wieder am Hals gehabt. Ich schlich zu meinem Schreibtisch, der gleich vor dem Fenster stand, damit ich den Himmel und den Garten sehen und mich beim Hausaufgabenmachen leichter ablenken und träumen konnte. Ich nahm meinen Schreibtischstuhl und trug ihn zur Tür. Dann schob ich so leise wie möglich meinen dicken Sessel ein wenig zur Seite und verkeilte die Tür zusätzlich mit dem Stuhl, indem ich die Lehne unter die Klinke klemmte. Mein Zimmer war damit verriegelt. Dann sah ich auf meine Armbanduhr. Kurz nach halb sieben. Die Sonne war längst untergegangen. Regentropfen liefen wie dicke Tränen die Fensterscheiben hinunter. Der alte Pflaumenbaum im Garten bog sich ächzend im Wind. Das Wetter draußen passte zum Trauerspiel drinnen.

Ich wartete noch locker eine Stunde. Zwischendurch bollerte immer mal wieder jemand gegen die Tür. Mal heftiger (Jette), mal vorsichtiger (Mutter). Aber ich blieb stumm. Rührte mich nicht. Ich hatte mich auf mein großes Bett zurückgezogen und hörte Musik über Kopfhörer.

In gut einer halben Stunde musste ich bei Lore sein, meiner besten Freundin. „Notfall!", hatte sie heute Nachmittag in ihr Handy gebrüllt. „Um acht bei mir!" Dann hatte sie aufgelegt. Was war schon wieder passiert? Bestimmt irgendwas mit Thomas. Thomas ist Lores Freund. Und die beiden führten die chaotischste Beziehung aller Zeiten. Die funktionierte wie ein Lichtschalter. Licht an. Licht aus. Beziehung an. Beziehung aus. Ein Chaos. Bevor man sie live vor sich sah, wusste man nie, ob die beiden gerade glücklich verliebt aneinanderklebten oder ob sie sich hassten wie Fußballer Ballett oder Topflappen häkeln. Zwar wollte Mutter nicht, dass ich so spät noch aus dem Haus ging, ohne ihr Bescheid zu sagen, aber das war mir egal. Daher zog ich mir leise meine ausgelatschten Chucks an und schlüpfte in meinen Parka. Ich schnappte mir einen Rucksack, warf mein Handy rein, öffnete das Fenster und setzte mich aufs Fensterbrett. Sofort kam mir etwas entgegengeflogen. Vor Schreck wäre ich um ein Haar rückwärts ins Zimmer gekippt. Ich ruderte mit den Armen, bis ich das Gleichgewicht wiedergefunden hatte. Sanft landete meine Katze neben mir auf dem Fensterbrett.

„Mensch, Rhea! Hast du mich erschreckt." Sie sah mich an und schnurrte.

Rhea hatten wir aus einem Italienurlaub mitgebracht. Sie ist dreifarbig, was bedeutet, dass sie eine Glückskatze ist. Und Glück konnte ich nun wirklich brauchen. Rhea hüpfte vom Fensterbrett ins Zimmer und machte es sich auf dem Bett gemütlich.

Aus dem Küchenfenster unter mir drangen Stimmen. Ich konnte eindeutig Jakob maulen hören, der laut einen Nachtischnachschlag einforderte. Das Licht aus der Küche ließ die nassen Äste des Pflaumenbaums funkeln. Vorsichtig schubste ich den Rucksack vom Fensterbrett. Er plumpste auf den nassen Rasen.

Meine Beine baumelten über dem Abgrund. Obwohl ich schon oft so aus meinem Zimmer geflohen war, kribbelte es wieder in meinem Magen. Ich bin absolut kein Feigling und in Sport bin ich auch ziemlich gut, aber im Dunkeln aus dem Fenster zu hechten und einen der glitschigen Äste zu packen, war nicht ohne. Vor allem weil unser Pflaumenbaum echt in die Jahre gekommen war. Langsam rutschte ich auf dem Fensterbrett noch ein paar Zentimeter nach vorne, bis ich mich mit den Füßen von der Hauswand abstoßen konnte. Ich visierte einen Ast an und sprang. Zwei, drei kleine Zweige schlugen mir ins Gesicht. Ich musste die Augen schließen, verfehlte mein Ziel und griff ins Leere. Krachend sauste ich nach unten und nahm ein paar Zweige mit. Dann erwischte ich einen dicken Ast und fing mich ab. Das war knapp gewesen. Ich schnaufte und lauschte. Die Gespräche in der Küche waren verstummt. Hastig angelte ich mit den Füßen nach einem Halt und kletterte um den Baum herum. Ich presste mich gegen den Stamm und sah, wie das Küchenfenster geöffnet wurde.

„Das war mit Sicherheit nur Hannahs Katze", hörte ich die Stimme meiner Mutter. Dann schloss sie das Fenster wieder und ich wagte den Abstieg.

Unten angekommen zog ich mir meine Kapuze über. Der Regen wurde stärker. Vorsichtig warf ich noch einen Blick durchs Küchenfenster. Weil die eine Seite von Kartons blockiert wurde, drängte sich die neue „Traumfamilie" an einer

Seite des langen Tischs. Ein bisschen sah es so aus, als wollten sie das letzte Abendmahl nachstellen. Mit Blondchen Jette als Jesus in der Mitte. Die alte Küchenlampe ließ ihr Haar glänzen, als trüge sie einen Heiligenschein. Sie plauderten, futterten Nachtisch und sahen tatsächlich wie eine richtige Familie aus. Jette stocherte im Pudding rum, als wollte sie die Kalorien darin erstechen.

Ich schnappte mir meinen Rucksack und machte mich auf den Weg zu meinem Fahrrad – einem alten, schwarzen, tonnenschweren Hollandrad, das meiner Oma gehört hatte. Es war schon ziemlich kaputt. Die Schutzbleche klapperten, der Lenker war locker und einen Ständer hatte es auch nicht mehr. Aber das alte rostige Biest gefiel mir. Es hatte Charme. Und außerdem musste ich es nicht abschließen. Das Ding klaute keiner. Und wenn doch, dann kam der Dieb nicht weit, weil alle paar Minuten die Kette absprang. Man musste ganz sanft und langsam treten. Rasen ging damit nicht.

Lore wohnte nur ein paar Straßen weiter. „Ich wohne im Fuck-you-Haus“, behauptete Lore immer, wenn man sie fragte, woher sie komme. Dann lachte sie sich kaputt. Lore lebte mit ihrer Familie in einem großen Hochhaus, das umringt war von vier weniger hohen, sodass Lores Haus tatsächlich aussah wie ein ausgestreckter Stinkefinger. Wie einer, der bis in die Wolken reichte. Ein kilometerweit sichtbares Fuck you.

Was aber eigentlich gar nicht zu Lores Familie passte. Denn Familie Ley war extrem gastfreundlich und großzügig. Obwohl sie insgesamt zu acht waren und kaum Geld hatten, freuten sie sich immer über Besuch. Da war wirklich jeder Tag ein Tag der offenen Tür. Manchmal knubbelten sich bis zu zwanzig Leute in ihrer Bude. Dann wurde gespielt, gequatscht und selbst gebackener Kuchen gefuttert.

Als ich bei Lore ankam, war ich klitschnass und fror. Ich ließ das Fahrrad ins Gebüsch fallen, rannte zum Eingang und klingelte Sturm.

„Ja?", blecherte eine sehr junge Jungenstimme durch die Gegensprechanlage.

„Ich bin's, Hannah. Mach auf!"

„Hannah? Kenn ich nicht." Es wurde gekichert. Dann hörte ich Lores Stimme: „Hey, Charly", sagte Lore zu ihrem kleinen Bruder, „drück die Tür auf. Sofort."

Jungs sind sowieso behämmert, aber was ihren Humor angeht, sind sie echt auf dem Stand von Neandertalern. Und zwar egal, wie alt sie sind.

Drei unlustige Dinge, die Jungs schreiend komisch finden:

1. Furzgeräusche machen.
2. Rülpsen.
3. Anderen Jungs im Sport die Hose runterziehen.

Charly war meiner Schätzung nach etwa fünf Jahre alt und hatte noch zwei ältere und zwei jüngere Brüder. Alfons, Bert, Dirk und Emil. Lores Eltern hatten ihre Söhne nach der Reihenfolge ihrer Produktion benannt. Und zwar streng nach Alphabet. Was bedeutete, dass Alfons der älteste, Bert der zweitälteste und Emil der jüngste von Lores Brüdern war. Eigentlich hätte man sie aber auch einfach nur durchnummerieren brauchen. 1, 2, 3, 4, 5. Die waren nämlich ein bisschen wie meine Katze. Die hörten eh nie und auf ihren Namen schon mal gar nicht. Also konnte man sich den eigentlich auch sparen.

Der Türöffner summte und ich drückte die Tür auf. Der Flur war leer. Verschiedene Fernseher plärrten durch das Treppenhaus. Von oben hörte ich jemanden wütend schreien. Ich hoffte sehr, er schrie den Fernseher an.

Immer wenn ich dieses riesige Haus betrat, das schon

seit Ewigkeiten eine Renovierung gebrauchen konnte, gruselte es mich. Das Licht war grell und kalt. Der Putz bröckelte von der Decke und die Wände waren mit hässlichen Graffiti versaut. Ich mag Graffiti, aber nur gut gemachte. Es roch irgendwie komisch – nach alten Tennissocken, Keller und Kohl. Vielleicht kochte jemand einen Tennissocken-Kohleintopf im Keller? Ich meine, in diesem Haus lebten locker mehrere Hundert Familien. Dieses Haus war eine Stadt mit über tausend Einwohnern. Und alle hatten sicherlich einen anderen Geschmack.

Ich lief zu den Fahrstühlen. Es gab drei Stück und Gott sei Dank war einer von ihnen da und leer. Ich huschte hinein und drückte auf den Knopf mit der Nummer 20. Als die beiden Türhälften zusammenknallten und der Fahrstuhl sich ruckelnd in Bewegung setzte, atmete ich erleichtert aus. Ich hasste es, mit irgendwelchen komischen Typen allein im Fahrstuhl rumzustehen. Da wusste ich immer gar nicht, wo ich hinschauen sollte und ob die nicht vielleicht total verrückte Mörder waren. Im Fuck-you-Haus jedenfalls lebten definitiv ein paar ganz schräge Typen mit heftigen Problemen.

Quietschend zuckelte der Fahrstuhl im Schneckentempo aufwärts. Vor jeder Etage hielt ich den Atem an und pustete erleichtert aus, wenn der Fahrstuhl weiterfuhr und nicht anhielt, um meinen Mörder reinzulassen.

Ich wusste schon, dass das total übertrieben war. Normalerweise bin ich kein Feigling. Wirklich nicht. Aber dieser Fahrstuhl sah aus wie aus einem Horrorfilm. Und zwar aus so einem, in dem man die blöden Schauspieler die ganze Zeit anbrüllen will: „Geht nicht in den Fahrstuhl, ihr Idioten! Ihr werdet alle draufgehen!“ Fahrstuhl des Grauens. Wäre ein Eins-a-Titel.

Ping! Angekommen. Puh. Scheppernd öffnete sich die Tür und ich huschte aus dem Blechgefängnis. Das Licht im Gang war aus. Nur ein Notausgangschild tauchte den hinteren Bereich des Flurs in ein schwach grünes Licht. Ich ging um die Ecke und sah Lore in der geöffneten Wohnungstür stehen. Emil und Dirk quetschten sich neben sie und grinsten.

Kaum dass ich in der Wohnung stand, hatte ich die Jungs an meinen Armen hängen. Beide trugen bereits ihre Schlafanzüge. Emil einen mit Bärchen drauf und Dirk einen mit Superhelden. Den Schlafanzügen sah man an, dass Emil und Dirk nicht ihre ersten Besitzer waren. Sie waren an den Knien ausgebeult und an den Ärmeln abgewetzt.

„Liest du uns was vor?“, fragte Emil und schaute mich mit großen Augen an.

„Nix da", sagte Lore streng. „Die Hannah brauch ich heute ganz allein für mich!" Dann schob sie die beiden in ihr Zimmer. „Ihr müsst jetzt schlafen. Mama liest euch gleich noch was vor."

„Guten Abend, Hannah." Lores Mutter lehnte in der Küchentür und leckte sich Butter von den Fingern.

„Willst du was essen?", fragte sie mich. „Es steht noch alles auf dem Tisch."

„Nein, danke", antwortete ich, obwohl ich schon ein bisschen Hunger hatte. Mein Abendessen war ja leider ausgefallen. Aber ich war einfach zu gespannt, was Lore mir zu erzählen hatte. Und ich bezweifelte, dass sie mir den Notfall auch am Küchentisch erzählen würde, wenn ihre Mutter bei uns saß. Außerdem hatte ich noch ein paar Schokoriegel im Rucksack. Das würde reichen.

Lore packte mich am Arm und zog mich durch den langen Flur. Schuhe, Taschen und Spielzeug ließen nur eine kleine Schneise zum Gehen. Man musste aufpassen, nicht zu stürzen oder etwas zu zertrampeln. Wir kamen auch am Zimmer von Alfons und Bert vorbei, aus dem lautstark Musik wummerte. Lore klopfte gegen die Tür und rief: „Leiser machen! Nebenan wird geschlafen!" Sofort verstummte die Musik. Im Wohnzimmer lag Lores Vater auf der Couch und schnarchte.

In ihrem Zimmer angekommen, schloss Lore hinter uns ab. Sie hatte als einziges Kind der Leys ein eigenes Zimmer.

Weil sie ein Mädchen war. So gesehen war es toll, dass sie nicht auch noch eine Schwester hatte. Obwohl – irgendwie hatte sie ja doch eine Schwester. Mich. Denn seitdem ich denken konnte, hingen wir beide zusammen rum. Wir waren im selben Kindergarten gewesen, in dieselbe Grundschule gegangen und auch jetzt drückten wir noch Seite an Seite die Schulbank.

Da war es völlig logisch, dass wir uns nicht nur als beste Freundinnen, sondern als Schwestern bezeichneten. Lore knipste das Licht an. Ihr Zimmer war wie immer blitzblank sauber und aufgeräumt. Lore war der ordentlichste Mensch, den ich kannte. Ihr Zimmer sah immer so aus, als käme gleich die Queen von England auf eine Tasse Tee und Gebäck vorbei. Lore brauchte das. Als Gegenpart zum Chaos vor ihrer Tür. Lore setzte sich aufs Bett.

„Schwesterherz, ich hab ein Problem", ächzte sie.

Ich setzte mich neben sie. „Lass mich raten: Es geht um Thomas?"

Sie ließ sich rücklings aufs Bett fallen. Ich verstand.

„Es geht also um Thomas. Was ist denn jetzt schon wieder passiert?"

Lore griff sich ihr Kopfkissen und knallte es sich aufs Gesicht.

Ich hob das Kissen etwas an.

„Was ist los?"

Meine Aufgabe lautete bei solchen Gesprächen grundsätzlich: Ruhe bewahren und beschwichtigen, dass alles nicht so schlimm ist. Ich sollte vielleicht erwähnen, dass Ruhe bewahren und beschwichtigen für gewöhnlich nicht meine größten Talente sind. Aber wenn es um Lore und Thomas ging, blieb mir gar nichts anderes übrig. Einmal war ich ebenfalls auf hundertachtzig und auf Vergeltung aus gewesen. Mit dem Resultat, dass wir anschließend zwei Tage mit Rauchvergiftung im Krankenhaus lagen. Zwei hysterische, komplett am Rad drehende Mädels sind kein gutes Team. Zumindest eine von beiden sollte immer auch ihren Verstand benutzen. Mädels haben ja wenigstens einen.

„Es ist vorbei. Ich hab alles versaut." Lore sah mich mit traurigen Augen an und ich spürte, dass ich ihr gerne von meinen Problemen erzählt hätte. Dass mir Barbie mein Zimmer klauen wollte und meine Mutter auf ihrer Seite stand. Lore war eine gute Zuhörerin. Aber eben nicht, wenn sie den Beziehungsalarm läutete.

Lore und Thomas waren beide in meiner Klasse und Lore ging schon eine Ewigkeit mit Thomas. Fast drei Monate. Und in dieser Zeit hatten sie sich mindestens schon zwanzigmal getrennt. Mal heulend, mal schreiend, aber immer hoch dramatisch.

Jede klitzekleine Kleinigkeit brachte die beiden in Rage und kurzfristig auseinander. Ein um wenige Minuten verspäteter Anruf. Ein zu langer Blick in Richtung irgendwelcher hübschen Menschen. Es war nicht einfach.

Es gibt Tausende von möglichen Gründen, sich zu trennen. Man muss sie nur finden. Und Lore und Thomas waren im Problemefinden spitze wie Pfadfinder im Pfadefinden.

Die drei beknacktesten Trennungsgründe:

1. Lore trennte sich von Thomas, nachdem der sie im Sportunterricht erst als Zweites in seine Mannschaft gewählt hatte.
2. Thomas gab Lore den Laufpass, weil sie unbedingt den Hund seines Erzfeindes streicheln musste.
3. Thomas ließ Jutta in Mathe abschreiben, woraufhin Lore die sofortige Trennung bekannt gab.

Eifersucht ist ein Beziehungskiller! Das wussten beide, aber sie kamen einfach nicht gegen ihren Wahnsinn an. Dabei war Lore eigentlich sehr vernünftig und schon ziemlich erwachsen. Zu Hause trug sie eine Menge Verantwortung, weil ihr Vater als Lkw-Fahrer ständig auf Achse und ihre Mutter mit fünf Jungs im Haus alleine etwas überfordert war. Aber sobald Thomas ins Spiel kam, war sie schlagartig so vernünftig wie eine Dreijährige, die mit einem Ventilator spielen will. Thomas war eben kein kleiner Bruder. Den konnte sie nicht einfach ins Bett schicken oder mit Fernsehverbot bestrafen, wenn ihr was nicht passte. Und sie konnte Thomas auch nicht mit Süßigkeiten bestechen oder mit Pippi-Langstrumpf-Vorlesen besänftigen.

„Was genau ist passiert?"

„Mona, die Schlampe, ist passiert", zischte Lore.

Mona Wetterau war ebenfalls bei uns in der Schule. Allerdings ging sie bereits in die Neunte.

„Was hat sie gemacht?"

„Am Samstag ist doch die Kostümparty. Im Beachclub."

Ich nickte nur. Die Halloweenparty fand bereits zum dritten Mal im Beachclub unseres Schwimmbads statt und ich durfte zum dritten Mal nicht hin. Die letzten beiden Jahre, weil ich noch nicht alt genug war, und dieses Jahr, weil mich keiner leiden konnte. Zwar gab es keine offiziellen Einladungen, dafür aber eine Nichtgästeliste, auf der alle standen, die nicht reindurften. Lore und ich standen drauf. Ich hätte mein ganzes Erspartes dafür gegeben, wenn mir das egal gewesen wäre. Aber ich muss gestehen, dass es mir jedes Mal einen kleinen Stich ins Herz versetzte, wenn über die Party geredet wurde. Wie sehr man sich darauf freue. Dass man es gar nicht abwarten könne. Oder nach der Feier: wie klasse, wie legendär und unschlagbar super die Party gewesen sei. Ich stand dann immer blöd daneben und tat so, als würde ich Kostümpartys albern finden. Als wäre mir alles egal.

Organisiert wurde die Party von Thomas, Jutta, Micha und eben Mona, dem Mädel mit dem größten Jungsverschleiß der ganzen Schule.

„Mona!“, zischte Lore. „Dieses Biest hat Thomas verboten, mich zur Party mitzunehmen.“ Lore schlug wütend auf ihr Bett.

„Und warum?“, fragte ich.

„Angeblich, weil ich immer und überall Ärger mache“, erklärte Lore. „Und jetzt macht sie sich auch noch an Thomas ran! Die blöde Schlampe.“

„Bist du dir sicher?“, hakte ich nach.

„Natürlich! Erstens, weil sie mir eins auswischen will, und zweitens, weil die es liebt, anderen Mädels die Jungs auszuspannen. Die findet das irgendwie cool zu beweisen, dass sie jeden Jungen haben kann.“

Den Ruf hatte Mona. Das stimmte.

„Aber Thomas lässt sich da doch nie im Leben drauf ein", versuchte ich Lore zu beruhigen.

Lore sagte nichts. Sie kaute auf ihrer Lippe und starrte an die Decke.

„Thomas ist ein Typ", begann sie. „Und Typen lassen sich nun mal rumkriegen, wenn man lang genug an ihnen rumbaggert."

„Glaube ich nicht."

„Meinst du wirklich?" Lore sah mich hoffnungsvoll an.

Ehrlich gesagt war ich mir da gar nicht so sicher. Schließlich waren meine Erfahrungen mit Jungs gleich null. Also nickte ich nur und sagte: „Hm."

„Ja. Vielleicht hast du Recht. Thomas ist schon in Ordnung."

Wieder nickte ich nur.

„Aber was soll ich machen?"

Ich dachte nach. Als Stimme der Vernunft trägt man ja schon eine große Verantwortung.

„Hm …"

„War ich zu hysterisch?"

Ja, dachte ich. Ja mit drei Ausrufezeichen. Ja!!! Und sagte: „Hm."

„Ich wusste es! Ich war zu hysterisch!" Lore warf sich wieder das Kissen aufs Gesicht.

Manchmal sind die Ratschläge, die man nicht gibt, die erfolgreichsten. In Lores Fall war das so. Die ließ man am besten so lange weiterquasseln, bis sie selbst draufkam. Diesmal ging es schnell.

„Und? Was soll ich tun? Ihn anrufen?"

„Hm!"

„Du hast Recht! Wie immer. Ich danke dir. Ich wüsste echt nicht, was ich ohne dich machen würde. Du solltest wirklich mal darüber nachdenken, einen Ratgeber zu schreiben."

„Einen Ratgeber?"

„Ja. Über Jungs und Beziehungen und wie man darin nicht umkommt."

Auf einmal klopfte es an der Tür. Es war ihre Mutter.

„Eleonore! Telefon."

Lore stand auf.

„Wer ist dran?"

„Thomas!"

„Komme!", rief sie. „Wieso ruft der mich nicht auf dem Handy an?"

Lore fischte ihr Handy aus der Hosentasche, was ganz schön dauerte, weil die Hose meiner Meinung nach viel zu eng war.

„Akku leer. Verdammtes Schrotthandy!" Lore schmiss das Handy aufs Bett und verschwand im Flur. „Bin gleich wieder da."

Ich schloss die Tür hinter ihr, ging zum Fenster und öffnete es. Es regnete immer noch und der Wind war stärker geworden. Ich stellte mich auf die Zehenspitzen und lehnte mich vor. So weit, bis ich fast gerade nach unten schauen konnte. Mein Magen kribbelte. Es war ein bisschen so, als könnte ich fliegen. Ich liebte das. Der Wind peitschte den Regen in mein Gesicht. Mir wurde kalt und ich drückte das Fenster wieder zu. Dann setzte ich mich zurück aufs Bett und sah mich um. In Lores Zimmer hatte sich seit Jahren nichts verändert. Es sah immer noch aus wie ein Kinderzimmer.

Ich dachte über Lores Vorschlag nach, einen Ratgeber über Jungs zu schreiben. Warum eigentlich ich? Mit Jungs hatte ich so gut wie nix zu tun. Ich war nicht gerade der Typ von Mädchen, auf den Jungs abfuhren. Ich war klein, machte mir nix aus Mode und tussihaftem Verhalten. „Ich kann heute nicht in die Schule, Dad. Mir ist ein Fingernagel abgebrochen." Ich weigerte mich auch, über schlechte Witze zu lachen, nur um den Jungs zu gefallen. War es vielleicht genau das, was mich qualifizierte? Dass ich keine Watte im Kopf hatte, wenn ich an Jungs dachte? Aber was sollte ich schreiben? Mein Blick wanderte wieder über Lores Wände und blieb an einem der circa tausend Poster hängen. Irgendein Typ aus einer TV-Serie, den Lore seit ein paar Wochen anbetete.

Drei Dinge, die Jungs an Wänden von Mädchenzimmern keinesfalls sehen wollen:

1. Liebesbriefe und Fotos vom Exfreund (vor allem nicht, wenn der Ex besser aussieht als sie selbst).
2. Poster von Ponys und Tierbabys.
3. Blutige Bilder aus Horrorfilmen (zum Beispiel durchgeknallte Axtmörder nach getaner Arbeit): Jungs sind oft schlimme Schisser. Außerdem erwarten sie, dass sie ihre Freundin beschützen dürfen. Wenn ihre Freundin mutiger ist als sie, wirft sie das total aus der Bahn und sie werden Mamasöhnchen, die bis zu ihrem 51. Lebensjahr bei Mutti wohnen.

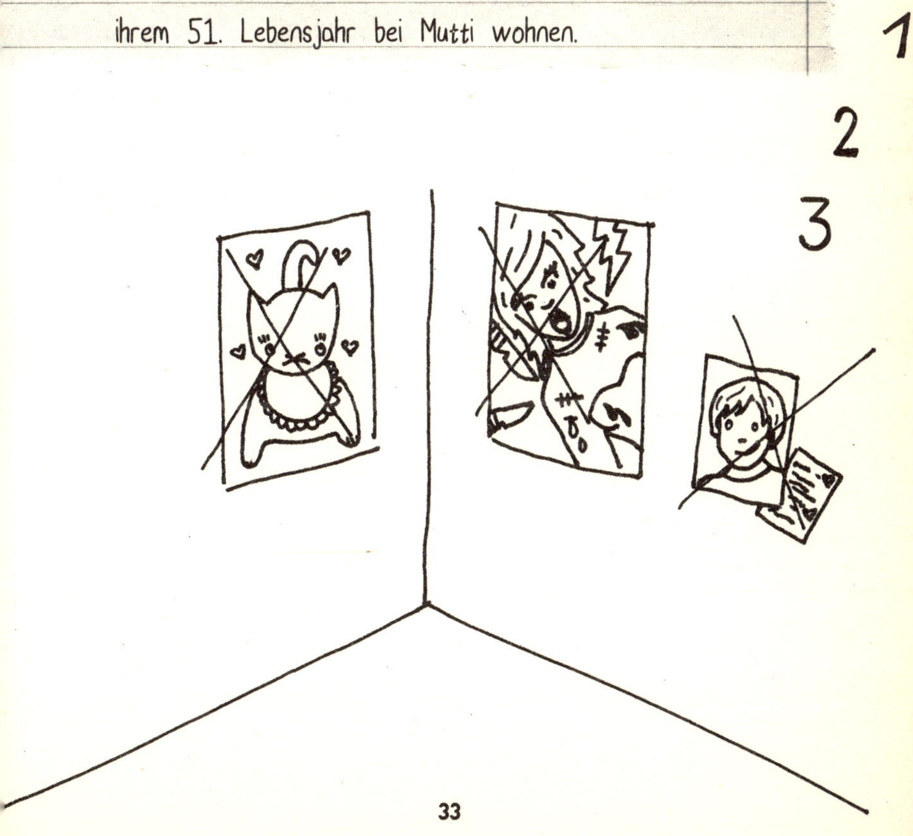

Nachdem Lore auch nach einer Viertelstunde nicht wiederkam, fing ich aus Langeweile an, ihre CDs zu durchstöbern und ihre wenigen Bücher, die fein säuberlich aufgereiht im Regal standen. Mittendrin entdeckte ich einen zerfledderten Ratgeber über Hamster. Als wir noch zur Grundschule gingen, hatte Lore zwei Hamster bekommen. Drei Wochen später hatte sie neun und ihr Zimmer erinnerte mit all den Käfigen und dem etwas strengen Geruch an eine Zoohandlung.

Ich zog das dünne Bändchen aus dem Regal und blätterte darin herum.

Sind Sie bereit für einen Hamster? – Arten von Hamstern – Was Sie bei der Anschaffung Ihres Nagers beachten sollten – Ernährung – Grundausstattung – Beschäftigung und Pflege – Abwechslung statt Langeweile – Der Hamster-Dolmetscher: Was Ihnen Ihr Hamster sagen will. Und so weiter und so fort. Hm. Konnte man Jungs mit Hamstern vergleichen?

Bist du bereit für einen Jungen? Was du bei der Anschaffung eines Jungen beachten solltest!

„Dass er kein Arschloch ist", murmelte ich und grinste. Plötzlich stürmte Lore das Zimmer und ich wedelte mit dem Hamsterbuch.

„Du, kann ich mir das Ding hier mal ausleihen?"

„Was? Ja, ja. Von mir aus", antwortete sie gedankenverloren und ich stopfte das Buch in meinen Rucksack.

„Und, wie lief es?", fragte ich, obwohl ihr die Antwort überdeutlich ins knallrote Gesicht geschrieben stand.

„Scheiße! Der wollte allen Ernstes, dass ich mich entschuldige." Lore stemmte empört die Fäuste in die Hüften.

„Und?"

„Wie und?"

„Was hast du gesagt?"

Sie breitete die Arme aus. „Natürlich, dass er das vergessen kann!" Lore schnaufte verächtlich.

„Aber du hattest doch eingesehen, dass du hysterisch warst."

„Schon. Aber das heißt noch lange nicht, dass er das Recht hat, zu sagen, dass ich hysterisch war!"

Lores Logik war nicht immer nachzuvollziehen. Ich suchte nach Worten. Fand aber keine. Zumindest keine höflichen.

„Hm."

„Und außerdem will ich nicht, dass er zur Party geht. Jedenfalls nicht, solange Mona auch da ist."

„Und nun?"

„Weiß ich noch nicht. Aber ich denke mir was aus. Keine Sorge."

Genau das war meine Sorge: dass sie sich was ausdachte.

Lore biss sich auf die Unterlippe und wirkte wild entschlossen.

Ich sah auf die Uhr. Zwanzig vor neun. Ich musste zu

Hause sein, bevor meine neue Traumfamilie raffte, dass ich ausgeflogen war. Ansonsten wäre mein Zimmer vermutlich noch an diesem Abend verloren gewesen.

Als ich nach Hause kam, sah ich im Wohnzimmerfenster das blaue Licht des Fernsehers flackern. Davids Zimmer war ebenfalls erleuchtet und Jakob schlief wohl schon. An der Zimmerdecke ließ sein Nachtlicht Comicfiguren kreisen. Niemand war mehr in der Küche. So konnte ich ungestört und unbeobachtet über den Pflaumenbaum in mein Zimmer klettern. Noch auf der Fensterbank sitzend zog ich mir die Schuhe aus – bloß keine Geräusche machen – und trat mit dünnen Socken in die Kotze meiner Katze. Katzen haben wirklich ein Talent dafür, immer genau dahinzureihern, wo es echt nervt. Ich hatte nur einen Miniteppich im Zimmer liegen. Der Rest des Bodens war textilfreier Dielenboden, den man prima säubern konnte. Aber natürlich kotzte die Katze jedes Mal genau auf den Teppich. Falls mal jemand seinen Teppich verlegt haben sollte, empfehle ich eine Katze mit Magenproblemen, so wie meine, und ich schwöre, sie wird den Teppich finden und draufreihern. Hundertpro.

Fluchend zog ich meine Socken aus und ging zum Schrank. Ich suchte das älteste T-Shirt raus, das ich besaß, und wischte die Sauerei weg. Rhea beobachtete mich dabei höchst interessiert. Wahrscheinlich lachte sie sich kaputt.

Trotz ihrer Arroganz liebe ich Katzen, weil sie machen, was sie wollen. Die lassen sich nicht rumkommandieren. Hunde mag ich zwar auch, allerdings finde ich es irgendwie total unwürdig, deren Kacke aufzusammeln. Ich meine, es ist ja schon peinlich, wenn einem Menschen dabei zusehen, wie man Hundehäufchen von der Straße kratzt, aber was soll denn erst der Hund denken? *Mein Frauchen sammelt Kacke statt Briefmarken. Verrückt!*

Da ist es schon besser, Katzenkotze wegzuwischen. Zumindest ein kleines bisschen. Die packt man wenigstens nicht in kleine Tütchen und schleppt sie mit weit ausgestrecktem Arm durch die Gegend, bis man einen Mülleimer gefunden hat. Das kann ja, je nachdem wo man ist, echt dauern. Stunden. Tage. Was weiß ich.

Ich warf das Kotz-T-Shirt aus dem Fenster – ich würde es morgen entsorgen –, packte meinen Rucksack aus, startete meinen Laptop und aß die Schokoriegel.

Ich surfte ein bisschen durch die Gegend, stattete Lores Facebook-Seite einen kurzen Besuch ab und überprüfte ihren Status.

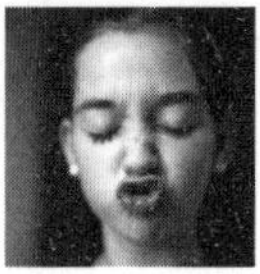

Lore L.

... ist sauer. Und wie!!!!!!!“

Niemand hatte bislang einen Kommentar hinterlassen. Ich überlegte kurz, ob ich etwas posten sollte, ließ es dann aber. Ich loggte mich aus, startete Word und begann über Jungs nachzudenken. Über die Liebe und die Pubertät.

Die verdammte Pubertät. Wie sich das schon anhörte! Pubertät. Wie eine Krankheit.

Mann, du siehst schlecht aus! Hast du eine Gastritis? – Nee. Pubertät. – Oh, doch so schlimm. Das tut mir leid.

Und es ist ja nicht so, als ob wir von unserem Körper gefragt würden, ob wir bereit sind für das Elend.

Hey, wie sieht's aus? Bock auf Pubertät? Bock auf Pickel, Brüste und einen mehrjährigen Besuch am Rande des Nervenzusammenbruchs? – Nee, lass mal. Ich hab noch keine Lust auf vermintes Gelände. Ich bleibe lieber noch ein bisschen zu Hause in meinem Kinderzimmer hocken und trink Kakao mit Sahne.

So ist das eben nicht. Niemand fragt einen. Niemand bereitet einen vor. Und wenn einem doch mal ein Erwachsener zur Seite steht, glaubt man ihm kein Wort. Und zwar aus Prinzip. Denn jedes Mädchen erlebt seine Pubertät anders. Jede ist einmalig. Einmalig dramatisch. Einmalig faszinierend. Einmalig kompliziert. Einmalig toll. Einmalig scheiße. Und ganz genau so ist es auch mit der Liebe. Mit den Jungs. Und Beziehungen. Dem Miteinander. Auf einmal ist alles anders. Und die Jungs, die sind auf einmal auch ganz anders. Anders toll. Anders scheiße. Anders faszinierend. Und vor allem anders kompliziert. Wie sind Jungs? Warum werden sie so?

Ich setzte mich im Schneidersitz auf mein Bett und begann zu tippen.

Mein erster Junge – Anschaffung, Pflege und Tipps, um ihn stubenrein zu kriegen

Hannahs Ratgeber

Jungs sind keine Hamster! Sie haben kein weiches Fell, kacken nicht in Stroh und sie nagen auch nicht den Küchentisch an. Die meisten zumindest nicht. Trotzdem drehen sie manchmal am Rad.

Bei meinem kleinen Bruder war ich mir da nicht so sicher. Mit seinen abstehenden Ohren, struppigen Haaren und den großen Zähnen hatte er schon irgendwie etwas Nagetierhaftes an sich. Und außerdem war der Quälgeist echt unberechenbar. Mal scheinbar lieb und süß mutierte er blitzschnell zu einer hinterhältigen kleinen Ratte, die einen bei jeder kleinsten Kleinigkeit verpfiff oder in die Wade biss.

Selbst im Welpenstadium sind Jungs schwer zu handeln. Und die schlechte Nachricht lautet: Sie werden noch schlimmer. Stunde um Stunde. Jahr für Jahr. Geben sie sich in den ersten Tagen einer Freundschaft noch Mühe zu gefallen, werden sie anschließend in Windeseile unzuverlässig oder unverschämt. Manchmal kann man ihnen dabei sogar zusehen. Eure Eltern werden behaupten, dass es an der Pubertät liege, dass die Jungs so komisch sind. Das kann sein. Aber warum sind so viele Typen komisch, obwohl sie längst aus der Pubertät raus sind? Dauert die Pubertät bei Jungs, bis sie fünfzig sind?

Ich sah von meinem Computer auf. Mein Vater beispielsweise war mit über vierzig noch ein totaler Kindskopf. Und mein erster Freund Till war ein Paradebeispiel für die Verwandlung vom netten Kerl zum echten Arsch. Stopp! Ich muss erwähnen, dass Till nur ein Kumpel und nicht mein echter „richtiger" Freund war.

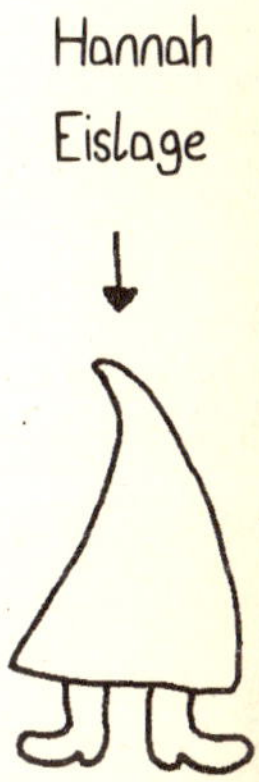

Das Thema „richtiger Freund" sorgte immer für ein flaues Gefühl in meinem Bauch. Ich hatte nämlich noch nie einen richtigen Freund. Wahrscheinlich weil ich ein Zwerg bin, der sich nichts aus Schminke macht. Ich renne auch nicht in angesagten Klamotten rum und gehe in unserer Schule somit nicht mal als coole Außenseiterin durch. Ich glaube, die anderen halten mich einfach für einen Freak, einen komischen Kauz oder einen hässlichen Hobbit. Trotzdem ist es mir nicht egal, wie ich rumlaufe. Ich stöbere total gerne durch lustige Secondhandläden. Dort gibt es wirklich ausgefallene Sachen. Außerdem liebe ich es, mir vorzustellen, wer die Klamotten vor mir getragen hat. Vielleicht ein berühmter Filmstar?

Till hatte meine Vorliebe für eher schräge Klamotten nie gestört. Auch deshalb war er mir wichtig gewesen und ich glaube, ich ihm auch. Zumindest bis er cool wurde. Beziehungsweise arschig.

Es dauerte nicht lange und er kam zu spät zu unseren Verabredungen, hing nur noch lustlos bei mir auf dem Bett rum, bemalte seine Jeans mit Kugelschreiber und hörte Musik aus dem iPhone anstatt mir zu. Er war zwar da, aber irgendwie auch nicht.

Irgendwann hatte ich die Faxen dicke. Es nervte mich, dass er immer nur angekrochen kam, wenn seine Kumpels unterwegs waren oder er Ärger zu Hause hatte. Wenn es ihm gut ging, bekam ich ihn nie zu Gesicht. Das klingt jetzt zwar egoistisch, ich weiß, aber wenn eine Beziehung, selbst eine wirklich rein kumpelhafte, zu einer Einbahnstraße verkommt, ist es Zeit, auf die Bremse zu treten. Ich hatte schließlich auch Probleme, über die ich gerne mit ihm gesprochen hätte. Aber die waren seiner Meinung nach viel zu unbedeutend im Vergleich zu seinen. Das Ende unserer Freundschaft verlief alles andere als schön.

Wie Jungs ihre und die Probleme der Mädchen sehen:

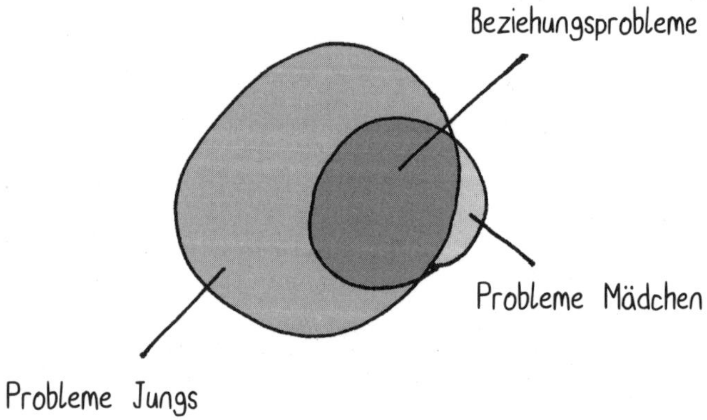

Eines Tages setzte ich Till einfach mit dem Hinweis vor die Tür, dass seine weltbewegenden Probleme ein dummes Mädchen wie mich überfordern würden. Erst hatte ich noch ein schlechtes Gewissen und dachte darüber nach, mich bei ihm zu entschuldigen, aber nur zwei Tage später erfuhr ich dann, dass er in der Schule rumerzählte, er wolle nichts mehr mit mir zu tun haben, da er mich endlich rumgekriegt hätte. Was für ein Arsch! Damit hätte ich niemals gerechnet.

Als ich wieder daran dachte, fragte ich mich, warum es eigentlich etliche Bücher gab, die einem erklärten, wie man mit einem popeligen Hamster umgehen musste, aber keines, das uns Mädchen dabei half, sich stressfrei einen Jungen zu halten. Was sollten wir bei der Auswahl beachten? Gerade beim allerallerersten Freund? Wenn man selber noch ganz grün hinter den Ohren war und total überfordert mit allem, was eine Beziehung anging?

Ich kam zu dem Schluss, dass alle Mädchen wissen sollten, was Jungs dachten – konnte ja nicht viel sein. Warum sie so häufig müffelten oder komplett öde Dinge wie Ballerspiele oder von Brücken rotzen cool und extrem lustig fanden.

Lore hatte Recht! Ein Ratgeber über Jungs musste her.

Ich klappte meinen Laptop zu und versuchte einzuschlafen, starrte aber nur ewig an die Decke, während meine Katze das Bett nach dem perfekten Plätzchen zum Dösen absuchte. Irgendwann piepte mein Handy. Eine SMS von Lore.

Muss was besorgen! Heimlich. Darf nicht gesehen werden. Kann also morgen nicht zur Schule kommen. Lass dich überraschen. :)

Morgens weckte mich erst der klingelnde Wecker (6:45 Uhr), dann die hungrige Katze (7:04 Uhr) und dann zweimal meine Mutter, indem sie gegen die Tür klopfte und irgendwas brüllte (7:12 Uhr und 7:23 Uhr). Ich rieb mir den Schlaf aus den Augen und blinzelte aus dem Fenster. Es regnete immer noch. Um acht musste ich in der Schule sein. Als Erstes stand Mathe auf dem Stundenplan und da sollte ich besser pünktlich sein, denn unsere Lehrerin Frau Vogel verstand bei Verspätungen keinen Spaß. Aber immerhin konnte ich in Mathe noch etwas weiterdösen. Solange man keinen Unfug anstellte, ruhig dasaß und den Unterricht nicht störte, war es Frau Vogel egal, ob man aufpasste, schlief oder einen Ratgeber über Jungs verfasste. Hauptsache, man hielt die Klappe. Schnell packte ich frische Klamotten in eine Tüte, schulterte meinen Rucksack mit den Schulsachen und Lores Hamsterbuch, steckte meinen Haustürschlüssel ein und kletterte den Baum runter. Auf dem Weg zur Haustür sammelte ich noch das Katzenkotze-T-Shirt ein und entsorgte es im Mülleimer, der dank Einzug von Jette und Co. bereits aus allen Nähten platzte.

Dann schloss ich die Haustür auf und schlich durch den Flur, um bloß niemandem über den Weg zu laufen. Ich hatte keinen Bock auf Reden. Aber darauf nahm, welch Wunder, Jette keine Rücksicht. Die sang hinter der geschlossenen Badezimmertür irgendeinen Popsong. Genervt klopfte ich an und rief: „Beeil dich! Ich muss auch noch duschen. Danke."

„Reib dich im Garten doch einfach mit Sand ab, du Troll!", rief sie zurück, lachte und sang weiter.

Ich musste mehrmals tief durchatmen, um nicht die Fassung zu verlieren. Unser Haus war recht groß, verfügte aber nur über ein richtiges Badezimmer mit Dusche und Wanne. Ansonsten gab es nur noch zwei Gästetoiletten. Kleine Dinger mit Klo und Waschbecken und vor allem unbeheizt.

„Mach jetzt endlich auf!" Ich schlug gegen die Tür.

„Jetzt weißt du mal, wie es ist, vor einer verschlossenen Tür zu stehen", antwortete Jette süß.

Gerade als ich darüber nachdachte, so lange gegen die Tür zu treten, bis sie aus den Angeln flog, mischte sich Hannes ein.

„Was ist los?"

Ich fuhr herum.

„Was los ist? Deine Tochter blockiert das Badezimmer und will mich nicht reinlassen. Das ist los!"

Hannes sagte nichts, sondern klopfte nur dreimal gegen die Tür. Und schon öffnete Prinzessin Jette – mit perfekter Frisur, perfekt geschminkt und chic gekleidet. Im Vergleich zu ihr sah ich wirklich aus wie etwas Grausliches, das im Moor lebt.

Miss Perfect flötete nur: „Kein Problem, Daddy", und

schwebte an uns vorbei. Natürlich ohne mich auch nur eines Blickes zu würdigen. Hannes lächelte mich an und hielt mir die Badezimmertür auf.

„Danke", grummelte ich, schlüpfte ins Bad und schloss die Tür hinter mir. Die Luft war feucht und warm wie in einer Dampfsauna. Nasse Handtücher lagen überall auf dem Boden rum. Wie konnte jemand, der immer so perfekt aussah, so ein Chaos hinterlassen? War sich die Prinzessin zu schade dafür, ihren Kram selber wegzuräumen? Jette war wohl der Meinung, dass ihr neben meinem Zimmer auch noch ein eigenes Bad zustand, und zwar dieses hier.

Im Gegensatz zu den Handtüchern hatte sie ihren Beautykrempel schön ordentlich nebeneinander auf der Ablage unter dem Spiegel angeordnet: eine elektrische Zahnbürste in Rosa, eine Tube Zahncreme für besonders weiße Zähne, drei Deos, drei Parfüms, vier Lippenstifte, Lipliner, diverse Grundierungen, Abdeckstifte, Eyeliner, Wimperntusche, mehrere Sorten Rouge von Rot über Pink bis Braun, Lidschatten in allen Regenbogenfarben, eine Handvoll Kajalstifte, Makeup-Entferner, zwei Gesichtscremes, drei Sorten Bodylotion, Pflegespülungen. Ich kam mir vor wie in der Garderobe eines Hollywoodstars. Meine Sachen – eine Zahnbürste und eine Cremedose – hatte sie dafür natürlich wegräumen müssen. Die lagen nun im Regal meiner Mutter.

Der Spiegel war beschlagen, was mir ganz recht war. Morgens fand ich mich noch hässlicher als abends. Und so musste ich wenigstens nicht sehen, dass meine Brüste immer noch nicht gewachsen waren. Ich war das flachbrüstigste Mädchen der Stadt. Mutter meinte zwar, dass Mädchen sich körperlich unterschiedlich entwickeln und dass es irgendwann ganz schnell gehen werde, aber dass mir auf einmal Brüste aus dem Körper ploppten wie Springteufel aus einer Kiste, hielt ich für extrem unwahrscheinlich. Ich sprang unter die Dusche, putzte mir die Zähne und zog mir die frischen Klamotten an. Die alten ließ ich einfach im Bad liegen. Und während meine Mutter oben an mein Zimmer bollerte und schrie, dass ich jetzt endlich aufstehen solle, schlich ich in die Küche und packte mir Obst ein. Dann rannte ich aus dem Haus, schnappte mir mein Rad und fuhr, so schnell es mit dem alten Rad eben ging, zur Schule.

Als ich ankam, war der Schulhof menschenleer. Ich sprang vom Rad, ließ es in die Hecke kippen, die rund um die Fahrradständer gepflanzt worden war, damit Vandalen und Fahrraddiebe es leichter hatten, und rannte hoch zu unserem Klassenzimmer. Als ich die Tür öffnete, kontrollierte Frau Vogel gerade die Anwesenheit. Sie kniff ein Auge zusammen und sah mich streng über ihre Brille hinweg an, sagte aber nichts außer: „Hannah Eislage ist auch da. Sehr schön."

Ich grummelte: „Entschuldigung. Verschlafen", und marschierte zügig nach hinten zu meinem Platz. Blicke folgten mir. Ich hasste es, angestarrt zu werden. Ich kam mir dann immer vor, als stünde ich alleine auf einer Bühne und würde schiefe Opernarien singen, während das Publikum eigentlich einen Actionfilm sehen wollte.

Frau Vogel unterband das aufkommende Getuschel, indem sie mit ihrem Riesenlineal zweimal auf den Tisch schlug. „Ruhe bitte! Hier vorne spielt die Musik!"

Frau Vogel hatte einen sehr kleinen Kopf, der auf einem zu langen Hals steckte. Daher nannten wir sie alle nur Frau Vogel Strauß. Die war mit Sicherheit schon über sechzig. Ihrem Gesicht sah man das allerdings nicht an. Das war faltenfrei wie ein stramm gezogenes Bettlaken in einem katholischen Mädcheninternat. Entweder ließ sie sich regelmäßig liften oder sie cremte ihr Gesicht mehrmals täglich ein. So wie meine Mutter. Die kämpfte auch verbissen mit Cremchen, Salben und Pillen gegen das Altern an.

Derzeit schmierte sie ihre, wie sie sagte, alten kaputten Knochen täglich mehrfach mit Pferdesalbe ein. Kamelsalbe hätte meiner Meinung nach wesentlich besser zu ihr gepasst.

„Das Zeug hilft auch bei Menschen. Da sind ätherische Öle drin“, erklärte sie ihren Tick. Jede Menge ätherische Öle waren da drin, keine Frage. Seitdem sich Mutter mit Salben für Pferde einrieb, roch es in unserem Haus, als ob ein Koalabär ins Treppenhaus gekotzt hätte. Eukalyptus ohne Ende.

Neben mir saß eigentlich Lore. Aber die hatte heute ja was zu besorgen. Was auch immer. Thomas, der zwei Reihen vor mir seinen Hals verrenkte, sah mich fragend an. Ich zuckte nur mit den Schultern, tat so, als ob ich nicht wüsste, warum Lore fehlte. Thomas drehte sich wieder um. Er holte sein Handy aus der Hosentasche, sah drauf und steckte es wieder ein.

Ich zog mein vollgeschmiertes Mathebuch, einen Collegeblock und meine Zigarrendose mit Stiften aus dem Rucksack. Alles legte ich vor mir auf den Tisch. Doch kaum fing Frau Vogel Strauß an, über lineare Funktionen zu schwadronieren, schweiften meine Gedanken ab. Zu Jungs und Hamstern.

Feldhamster oder Goldhamster?
Die verschiedenen Arten von Jungs

Es gibt vier verschiedene Arten von Jungs: die Sportler, die Clowns, die Streber und die, die sich für Rebellen halten.

Jungs, die gut in Sport sind, kommen normalerweise sowohl bei den Mädchen als auch bei den Jungs am besten an.

Die Clowns haben es da schwerer. Die müssen sich ständig und überall zum Affen machen, um Aufmerksamkeit zu bekommen. Sie stören permanent den Unterricht und spielen den Lehrern oder den Strebern Streiche. Clowns wollen unbedingt von den Sportlern, den Chefs des Schulhofs, anerkannt werden. Sie sind so was wie Hofnarren.

Die Streber wiederum sind, wie der Name schon sagt, strebsam. Sie stehen während der Pause etwas abseits und reden über Mathe oder irgendeine öde Science-Fiction-Fernsehserie. Sie versuchen in der Schule gut aufzupassen und so viel zu lernen, wie in ihre brav frisierten Köpfe passt. Die werden ihr Leben lang jedem Abenteuer aus dem Weg gehen.

Die Rebellen stehen auf dem Schulhof auch immer etwas am Rand. Gerne lungern sie in oder vor der

Jungstoilette rum. Allerdings nicht, um sich in Ruhe über Mathe zu unterhalten, sondern um gefährlich und wild entschlossen auszusehen. Rebellen benehmen sich gerne daneben, lehnen sich gegen jede Form von Autorität auf und sorgen auch mal für Krawall. Kaputte Klamotten zu tragen, ist ihnen ganz wichtig. Damit demonstrieren sie gegen den Konsumterror, gegen Gleichmacherei und gegen Hygiene.

Selbstverständlich gibt es hin und wieder, genau wie bei den Hunden, auch Mischlinge. Sportliche Streber beispielsweise. Aber die sind ungefähr so häufig anzutreffen wie Elefanten auf einem Kettenkarussell.

So gesehen passte ich schon am ehesten zu Rebellen. Aber die bei uns in der Schule mochte ich nicht. Die waren einfach nicht nett. Klar, eigentlich ist es egal, welcher Gruppe sich ein Junge anschließt, um nicht alleine auf dem Schulhof rumzulungern und Löcher in die Luft zu starren. Über seinen Charakter sagt das nicht viel aus. Es gibt in jeder Gruppe nette Jungs und weniger nette. Vor allem aber weniger nette. Doch wie sollte man die guten von den schlechten unterscheiden? Woran erkannte man, ob ein Junge okay war oder ein nerviger Spinner? Ein faules Ei erkennt man daran, dass es stinkt. Aber Jungs stinken oft. Auch die guten.

Der Schulgong läutete und Frau Vogel schrie gegen den sofort aufbrausenden Lärm an: „Ich hoffe, ihr habt jetzt eine Ahnung von linearen Gleichungssystemen!"

Hatte ich nicht. Keine Ahnung, was das war. Ich konnte mich im Unterricht nie gut konzentrieren. Mir lag es eher, den Stoff zu Hause in Ruhe in meinem Zimmer zu lernen. Fünfen zu schreiben, lag mir sogar noch mehr.

In der großen Pause wusste ich ohne Lore nicht so recht, wo ich mich hinstellen sollte. Ich irrte ein wenig über den Schulhof und versuchte, allen anderen aus dem Weg zu gehen. Wie ein Skifahrer wedelte ich an meinen Mitschülern vorbei, als wären sie Slalomstangen, bis ich eine leere Bank entdeckte, die normalerweise von den Älteren in Beschlag genommen wurde. Die waren aber auf einem Ausflug. Ich setzte mich, aß einen Apfel und tat beschäftigt, indem ich Zeugs in mein Heft krakelte. Die anderen sollten denken, dass ich freiwillig so alleine herumsaß.

Als der Gong das Ende der Pause ankündigte, stand ich auf und wedelte wieder zurück Richtung Klassenzimmer, zur Doppelstunde Deutsch bei Herrn Lutterweck. Der war eigentlich ganz okay, nur sein Unterricht war todlangweilig. Den ganzen letzten Monat hatten wir Zeitungsartikel analysieren müssen. Was ich in Ordnung gefunden hätte, wenn wir spannende Artikel analysiert hätten. „Drei Tote im Wald“ oder „Mysteriöse Frau klaut Riesendiamanten“ oder „Hannah Eislage gewinnt die Goldmedaille im Beliebtsein“. Hehe. Stattdessen kauten wir so was durch: „Das Bruttoinlandsprodukt Deutschlands steigt nur leicht.“ Oder: „Vereinskasse des Kaninchenzüchtervereins Löffelohren ist wieder aufgetaucht. Die kompletten 30 Euro sind noch da!“ Als ich den Schulhof halb überquert hatte, schrie auf einmal jemand. Es war Sven aus meiner Klasse.

„Hey, Idiot! Guck mal!“, schrie er.

Ich drehte mich um.

„Ha! Ich hab’s gewusst“, krakeelte Sven. „Hannah ist ein Idiot!“

Er lachte und sein Kumpel Justin Breuer auch. Nur Marvin Aap nicht. Der stand blöd neben ihnen und lächelte gequält. Wahrscheinlich hatte er diesen geistreichen Scherz nicht kapiert.

„Ja, ja", rief ich, „ich bin ein Idiot! Toller Witz. Und so neu!", und ging einfach weiter. Sven und seine Zombies waren die Letzten, die mich beleidigen konnten. Was der und seine hirntoten Freunde von mir dachten, ging mir gepflegt am Hintern vorbei.

Nach der letzten Stunde ging ich auf den Schulhof, riss mein Fahrrad aus der Hecke und wollte gerade losfahren, als ich einen Schlag bekam. In den Magen. Mir hatte keiner wirklich in den Bauch geboxt. Es war nur dieser Anblick. Barbie alias Jette stand an der Straße und scherzte und plauderte mit ihren neuen Freunden, die sie regelrecht anhimmelten. Und als Kevin Töricht, der Supersportler und Superdepp der Jahrgangsstufe 9, sie in den Arm nahm und ihr einen Kuss auf die Lippen hauchte, fiel ich aus allen Wolken. Jette hatte nur einen Tag gebraucht, um Freunde und einen festen richtigen Freund zu finden!

Jette und ich im Vergleich

Jette	Hannah
Elegant	Trampelig
Lange Beine	Kurze Stumpen
Ein Lächeln, geheimnisvoll wie das der Mona Lisa	Ein Lächeln, das Welpen Angst einjagt

Ich schwang mich auf mein Rad und trat fest in die Pedale. Ich fuhr in den nächsten Coffeeshop, in dem man kostenlos ins Internet konnte. Dort loggte ich mich mit dem Handy bei Facebook ein und sah meine schwindende Freundesliste durch. Alexia hatte sich aus meinem virtuellen Freundeskreis entfernt. Alexia war ein echt nettes Mädchen, dachte ich zumindest, und erst seit Kurzem bei uns in der Schule. Aber scheinbar war kurz lang genug, um Mädchen wie mich nicht mehr zu brauchen. Sie hatte wohl bessere, weniger peinliche Freundinnen gefunden. Dabei litt sie unter partiellem Haarausfall und einem deutlich zu kurzen Bein. Sie humpelte, und das nicht zu knapp. Jetzt liefen mir schon die Einbeinigen mit Sturmfrisur weg. Aber was mich am meisten ankotzte, war, dass Jette schon nach nur einem gottverdammten Schultag so viele Freunde hatte. Und Kevin Töricht. Der spielte zwar nicht gerade die erste Geige auf dem Schulhof, weil er ein Trottel war, aber eben auch nicht die Triangel wie ich. Ihr versteht, was ich meine. Mich fand sogar der Schachclub scheiße. Und die sehnten sich nach Freunden.

Die Bedienung des Cafés kam und forderte mich auf, etwas zu bestellen. Nur Internetabzocken war verboten. Ich latschte also zur Theke und wieder zurück mit Kakao und einem Schokomuffin zum halben Preis von gestern. Erstens hatte ich keine Kohle und zweitens schmeckten Muffins frisch oder alt ziemlich ähnlich. Frisch schmeckten sie muffig und alt muffig und trocken. Deshalb hießen die Dinger wohl auch Muffins.

Ich hatte es mir gerade im Sessel so richtig gemütlich gemacht, als Marvin, Sven und Justin lärmend die Theke des Coffeeshops stürmten. Nachdem alle was bestellt hatten, entdeckte mich Sven und zeigte mit dem Finger auf mich. Am liebsten hätte ich ihm seinen Finger in die Nase gesteckt. Oder woandershin.

„Ach, schau an, der Idiot ist auch da!"

Seine Kumpels drehten sich gelangweilt zu mir um.

Marvin schnappte sich seinen Becher und steckte einen Strohhalm rein. „Lass die doch in Ruhe. Wir müssen den Abend planen. Habt ihr schon eure Kostüme für die Halloweenparty?", brummte er.

„Klar, antwortete Justin. „Ich geh als Zombie."

Das passte, fand ich.

„Ich als Werwolf. Da stehn die Mädels drauf, wegen dem ganzen Twilight-Mist, weißte?" Sven grinste siegessicher und ich dachte mir, dass er sich da gar nicht sonderlich verkleiden musste. Der zottelige Sven sah sowieso schon aus wie ein Werwolf. Allerdings wie einer ohne Muskeln.

Ich packte meine Klamotten und ging. Den Idioten zuzuhören, wie sie eine Party planten, auf die ich selber so gerne gegangen wäre, war echte Folter.

Als ich zu Hause ankam, erwartete man mich bereits in der Küche. Es standen Kekse und Kandis auf dem Tisch und auf dem Stövchen dampfte Vanilletee. Mutter und Hannes saßen auf der frei geräumten Bank, Jette, Jakob und David gegenüber. Jette hatte trotzig die Arme vor der Brust verschränkt und David rührte gelangweilt in seinem Tee rum. Jakob spielte Kekse mümmelnd mit seinen Autos. Auch am Kopf des Tischs stand eine Tasse. Noch leer und offensichtlich für mich gedacht.

„Setz dich bitte", sagte meine Mutter und zeigte auf den freien Platz. „Familienrat!"

Immer wenn bei uns was im Argen lag oder beschlossen werden musste, tagte der Familienrat. Rausreden oder drücken konnte man sich nicht. Da galt Anwesenheitspflicht. Und ich konnte mir schon denken, worum es ging. Mein Zimmer.

Ich ließ erst den Rucksack auf den Boden und danach mich auf den Stuhl plumpsen.

„Und was machen die dann hier?", fragte ich und deutete mit einem Kopfnicken auf Hannes, David und Jette. „Ich denke, es heißt Familienrat."

„Hannah, bitte!" Mutter versuchte mich zu beruhigen, während Hannes eingeschüchtert dasaß, David grinste, weil jetzt endlich was Spannendes passierte, Jakob einen Massencrash simulierte und Jette, ausgerechnet Jette, mir zur Seite sprang.

„Da hat sie doch Recht", motzte sie. „Wir sind keine Familie." Sie schnitt eine Grimasse in meine Richtung.

Während Hannes intensiv seine Finger inspizierte, als wäre ihm ein dritter Daumen gewachsen, goss Mutter mir Tee ein.

„Nimm einen Keks", forderte sie mich auf und hielt mir die Schüssel mit dem Gebäck unter die Nase.

„Keinen Hunger."

„Die sollen ja auch nicht satt machen, die sollen schmecken." Mutter lächelte wie ein Honigkuchenpferd.

„Nee. Keine Lust."

„Na komm, ein Plätzchen. Hm. Du isst die doch so gerne."

„Wollen wir uns jetzt über Kekse unterhalten? Wenn ja, dann gehe ich." Ich zeigte über meine Schulter zur Tür und wollte aufstehen.

„Bleib sitzen. Es ist wichtig."

Mutter stellte die Schüssel ab, dann sah sie mir fest in die Augen und legte los: „Ich weiß, dass das für uns alle gerade eine schwierige Situation ist. So ein Zusammenleben ist nicht einfach. Auf einmal sind neue Menschen da, mit eigenen Ideen, eigenen Bedürfnissen und Gewohnheiten. Da muss man sich erst einmal dran gewöhnen und …"

„Ja, ja. Blabla. Es geht um mein Zimmer", unterbrach ich meine Mutter, um die Sache zu beschleunigen.

„Mein Zimmer!", fauchte Jette. „Das ist mein Zimmer und du sollst dich daraus verpissen!"

„Jette, bitte!", sagte Hannes.

„Wenn sich hier jemand verpisst, dann bist du es!", fauchte ich zurück.

„Hannah, bitte!", zischte Mutter.

„Ich …" Ich wollte noch was sagen, aber Mutter sah mich derart erbost an, dass ich lieber den Mund hielt.

„Du weißt ganz genau, Hannah, dass Jettes Schrank nicht in das Dachzimmer passt und sie daher dein …"

„Hast du gehört!", schrie ich dazwischen. „MEIN Zimmer!"

„Nicht mehr!", schrie Jette zurück.

„Ich denke, wir beruhigen uns erst mal alle", startete Mutter einen erneuten Beschwichtigungsversuch.

„Ich bin ganz ruhig", sagte David, der zwischen mir und Jette saß und sich prächtig amüsierte.

„Ja. Das ist toll, David", sagte meine Mutter. „Und wir anderen atmen jetzt alle mal tief ein, essen einen Keks und dann finden wir eine Lösung."

„Ich will auch noch einen Keks!", schrie Jakob.

„Here, please.“ Mutter warf Jakob einen Keks zu. Der schnappte ihn, steckte ihn sich sofort ganz in den Mund und spielte weiter.

Mutter hielt erst mir und dann Jette die Kekse unter die Nase, als wären wir allen Ernstes mit einem Keks zu beruhigen. Vor meinem inneren Auge sah ich Mutter, wie sie versuchte, mit Spritzgebäck Werwölfe und Vampire miteinander auszusöhnen: „Liebe Vampire, liebe Werwölfe, es gibt Kekse und Vanilletee und dann Frieden!“

Jette, die ebenso sauer wie ich zu sein schien, wollte auch keinen Keks. Unsere erste Gemeinsamkeit.

„Ich will mein Zimmer und keinen Keks.“

„Hast Angst, dass du fett wirst, was? Du Möchtegern-Supermodel!“, fauchte ich.

„Hannah! Jetzt reicht es wirklich!“

Mutter schlug mit der Hand auf den Tisch, dass die Tassen nur so klirrten, und Jette, obwohl sie mich liebend gern angebrüllt hätte, zum Schweigen brachte.

„Du hast Recht, es reicht", sagte ich so ruhig wie möglich und stand auf. Was Mutter gar nicht passte. Sie funkelte mich böse an.

„Wir sind noch nicht fertig, Hannah! Setz dich wieder hin."

Ich hatte aber genug. Genug geredet, genug davon, Familie zu spielen, und vor allem hatte ich genug davon, dass Jette mein Zimmer als ihres bezeichnete. Ich schnappte mir meinen Rucksack und rannte aus dem Haus. Kurz überlegte ich, was ich tun könnte. Zu Lore fahren? Aber die hätte sich bestimmt bei mir gemeldet, wenn sie schon zu Hause wäre. Also beschloss ich, den Nachmittag bis zu einem Lebenszeichen von Lore in meinem Zimmer zu verbringen und an meinem Ratgeber zu arbeiten. Ich drehte mich um und marschierte zum Pflaumenbaum, dem einzigen Weg in mein Zimmer.

Kaum dass ich in meinem Bett lag, kam eine SMS von Lore an.

Treffen bei mir um 17:30 Uhr!

Ich simste ihr nur ein kurzes **Alles klar!** zurück.

Dann klopfte es mal wieder an meine verrammelte Tür. Meine Mutter.

„Hannah, mach bitte die Tür auf und lass uns vernünftig miteinander reden."

Ich stellte mich tot.

„Hannah? Bist du da?"

Ich sagte nichts, sondern kramte stattdessen Lores Hamsterbuch aus meinem Rucksack und blätterte ein wenig darin herum. *Das perfekte Zuhause für deinen Hamster.* Ein schönes Thema, fand ich. *Das perfekte Zuhause für deinen Jungen.* Als Mutter verschwunden war, wagte ich es aufzustehen und meinen Laptop zu holen.

Jungs brauchen ein schönes Plätzchen

Hamster brauchen Platz. Sie sind, wenn sie nicht gerade pennen, extrem aktiv. Jungs sind das nicht. Sie schlurfen eher durch den Tag. Sie sitzen und chillen, gammeln rum und fangen lieber an zu schimmeln, als sich zu bewegen oder sonst wie anzustrengen. Was eigentlich ganz gut ist. So kannst du dir ein sperriges, überdimensioniertes Hamsterrad für deinen Liebling getrost sparen. Da wird er eh nicht reingehen. So weit, so gut. Aber ebenso wie ein Hamster braucht auch ein Junge ein gemütliches Plätzchen in deinem Zimmer, wo er sich entspannt hinfläzen kann. Solltest du also darauf stehen, immer alles ganz, ganz ordentlich zu haben, wirst du ein Problem bekommen. Denn wenn ein Junge sich nicht ausbreiten oder was anfassen oder verstellen darf, wird ihm langweilig werden. Ein Zimmer, eingerichtet und gepflegt wie von Oma, ist kein natürlicher Lebensraum für Jungs. Das ist wie ein Aquarium ohne Wasser. So wie Fische ohne Wasser eingehen, wird dein Junge einfach gehen und nie mehr zurückkommen. Gib deinem Jungen einen Platz, wo er sich ausbreiten darf. Jungs brauchen ihr Revier.

Verfügst du über keine Couch, dann muss dein Bett dran glauben. Denn ganz wie Hamster haben Jungs einen Hang zu weichen Unterlagen. Falls du eher pingelig sein solltest und es nicht leiden kannst, wenn jemand mit Straßenklamotten auf deinem Bett rumlungert, schaffe ihm ein anderes kuscheliges Bettchen oder leg eine Decke über das Bett.

Aber das alleine reicht nicht. Jungs wollen sich beschäftigen. Möglichst ohne sich groß zu bewegen. Also mach dich darauf gefasst, dass dein Junge deine Stereoanlage nutzen wird, um dir angeblich coole Musik vorzuspielen. Außerdem wird er versuchen, die Herrschaft über deine Fernbedienung zu erlangen. Sollte ihm das gelingen, stell dich auf Extrem-Zapping ein. Denn Jungs wollen gar kein TV schauen, sie wollen nur wissen, was läuft. Und zwar auf allen Kanälen.

„Hannah? Ich weiß, dass du da bist. Dein Fahrrad steht in der Einfahrt.“ Ich klappte genervt den Laptop zu, weil Mutter einen zweiten Versuch startete, mit mir ein ernstes, aber wohlmeinendes Wörtchen zu wechseln. Mir reichte es und ich floh. Den Baum runter, zum Rad und weg.

Ich war fast eine halbe Stunde zu früh bei Lore. Jedes Mal, wenn ich auf Lore warten musste, führte mich mein Weg direkt zum Spielplatz, der unmittelbar vor Lores Fuck-you-Haus angelegt worden war. Eine Schaukel, eine Rutsche, ein großer Sandkasten und das Klettergerüst – ein mit Eddingstiften verzierter Stahlwürfel. Das kletterte ich bis ganz nach oben und setzte mich im Schneidersitz darauf, nachdem ich die Stangen mit meinem Ärmel trocken gewischt hatte.

Von dort hatte man einen schönen Blick über die Dächer unseres Viertels. Die Fuck-you-Siedlung thronte in meinem Rücken auf einem Hügel. Damit man den Stinkefinger auch von Weitem sehen konnte. Als Begrüßung für Reisende und Heimkehrende. „Ein herzliches Fuck you!“ Ich drehte mich um und ließ meinen Blick schweifen. Vom Himmel abwärts über die Fassaden der Hochhäuser. Einige Lichter waren schon an und die Fenster funkelten. Ich stellte mir gerne vor, wer wohl dort hinter den Scheiben wohnte, und überlegte, wie es wohl wäre, selbst dort zu leben. In diesem Riesenhaus mit den vielen Menschen. Wie es wäre, eine eigene Wohnung zu haben, allein zu leben oder mit Lore in einer

Wohngemeinschaft. Das müsste doch super sein.

Der Vibrationsalarm meines Handys beendete meinen Tagtraum. Es war Lore. Ich ging dran.

„Hallo, Lore!“

„Komm so schnell wie möglich, ich muss dir was zeigen.“

„Ich komm hoch. Ich bin schon da.“

„Super, beeil dich!“, rief sie aufgeregt.

Und ich beeilte mich. Was ich aber immer tat, um so schnell wie möglich dem Flur der Finsternis und dem Fahrstuhl des Grauens zu entfliehen.

Als ich bei ihr oben im Zimmer war, schloss sie sofort die Tür hinter uns ab. Sie lächelte verschwörerisch.

„Ich habe eine gute Nachricht!“, rief sie euphorisch. „Wir gehen auf die Halloweenparty!“

„Echt?“ Ich war platt. „Hast du Thomas überredet, uns von der Nichtgästeliste zu streichen?“

„Nee.“

„Schmuggelt er uns rein oder was?“

„Nee, viel besser! Thomas weiß noch gar nichts von seinem Glück.“ Lore grinste fies. Ihre Augen waren Schlitze. „Und Mona auch nicht, die …“

„… Schlampe“, beendete ich ihren Satz. „Aber wie wollen wir da reinkommen? Ich meine, wir könnten zum Schönheitschirurgen fahren und uns ein neues Gesicht verpassen lassen. Ich fürchte nur, dafür ist die Zeit zu knapp.“

Drei Leute, deren Gesicht man sich nicht vor den Kopf operieren sollte, wenn man Jungs kennenlernen will:

1. Lord Voldemort
2. Gollum
3. Hannah Eislage

Nachdem Lore ihren Lachflash überwunden hatte, ging sie zu zwei großen Tüten, die auf ihrem Bett lagen, und griff hinein.

„Tadaa!“, jubelte sie und zog zwei Kostüme heraus. Ein normal großes, bauchfreies Teufelskostüm mit Hörnern und Dreizack und ein zur Hälfte aus Plastik bestehendes, komplett lächerliches Darth-Vader-Kostüm für Kinder. Darth Vader für Zwerge. Das war wohl für mich.

„So erkennt dich keiner“, behauptete Lore.

„Natürlich wird man mich darin nicht erkennen. Schon allein weil ich dieses Kostüm hier auf gar keinen Fall anziehen werde.“ Ich nahm den albernen Helm in die Hand. „Und dafür hast du die Schule geschwänzt? Das Zeug hättest du sicherlich auch noch nachmittags bekommen.“

„Ja, schon“, antwortete Lore. „Aber nachmittags wäre mir mit Sicherheit irgendein Dödel aus unserer Schule über den Weg gelaufen. Und dann hätten wir uns das mit dem Reinschleichen abschminken können.“

„Verstehe“, sagte ich und warf den Darth-Vader-Helm aufs Bett. Lore nahm ihn, stülpte ihn mir über und klopfte drauf, als würde sie ihn festhauen.

„Passt doch wie angegossen!“, lachte sie.

Der Helm stank so stark, dass mir schwindelig wurde.

Richtig. Lores Plan war, mich in einem Darth-Vader-Kostüm für Kinder zur Halloweenparty zu schleifen. Ich als lächerliche Miniaturausgabe der rechten Hand des Imperators, der winzigen Kampfmaschine der dunklen Seite. Das war doch irrsinnig, total bescheuert. So bescheuert wie Star Wars eben.

Die drei hirnrissigsten Partyverkleidungen für Mädchen:

1. Ein Darth-Vader-Kinderkostüm aus Stinkeplastik.
2. Ein Darth-Vader-Kinderkostüm aus Stinkeplastik.
3. Ein Darth-Vader-Kinderkostüm aus Stinkeplastik.

Ich schob den Helm nach oben.

„Vergiss es! So mache ich mich doch total zum Affen!“

„Ach was! Der Witz an dem Kostüm ist doch, dass du darin nicht erkannt wirst“, antwortete Lore und haute mir den Helm mit einem Klaps wieder vors Gesicht. „Und pass bloß auf, dass du da keinen Fleck reinmachst. Ich will die am Montag umtauschen.“

„Oh Gott! Du weißt doch, wie ungeschickt ich bin."

„Was?"

„Ich bin ungeschickt!", wiederholte ich. Aber Lore sah mich nur achselzuckend an. Mit dem Plastikeimer auf dem Kopf konnte man mich kaum verstehen. Ich setzte ihn ab.

„Das wird schwierig. Ich bin ein Tollpatsch und durch das Ding hier sieht man wenig!"

„Ich weiß. Darum musst du auch besonders gut aufpassen. Die Kostüme waren teuer und ich brauche das Geld unbedingt zurück!"

Ich wusste, dass das nicht gut gehen würde. Das war so klar wie Fußpilz nach dem Besuch unseres Hallenbads. Am Montag würde ich Lore das Kostüm abkaufen müssen – alberne Hosen ohne erkennbaren Schnitt, einen sperrigen Gürtel, einen hässlichen Umhang, einen Brustpanzer aus Stinkeplastik und den Helm, unter dem man nicht zu verstehen war, weil man so klang, als ob man in eine Kloschüssel reinflüstern würde.

„Muss ich wirklich?", fragte ich zaghaft.

„Aber hallo! Und ich verspreche dir: Es wird ein Spaß!"

Würde es nicht werden. Da war ich mir sicher. Aber anderseits war das eine gute Gelegenheit, um Jungs, wenn nicht kennenzulernen, dann doch wenigstens in ihrem natürlichen Lebensraum zu beobachten und ihr Verhalten in der Herde zu studieren.

„Alles klar. Ich schicke meiner Mutter eine SMS, dass ich nach der Party bei dir penne, geht das?"

„Klar. Kein Problem." Lore lächelte und ich tippte hektisch eine SMS an meine Mutter.

Bin bei Lore. Penne da. Sehen uns morgen Früh. cu.

Es war bereits gegen acht und im Beachclub lief die Party auf Hochtouren. Das vermutete ich zumindest, denn wissen konnte ich es nicht. Ich klemmte nämlich anstatt zwischen Feierwütigen auf der Tanzfläche im Klofenster der Mädchentoilette fest, als hätte man mich beim Bau des Hauses aus Versehen mit einbetoniert oder wie einen dicken Nagel zu fest in die Wand gekloppt. Während durch die Kabinentür die Musik dröhnte, riss Lore immer panischer an meinen Armen.

„Aua! Pass doch auf!", schrie ich. „Ich brauch meine Arme noch!" Allerdings vergeblich. Lore zerrte an meinen Armen, als wären es die Ärmel eines Pullovers aus dem Sommerschlussverkauf.

„Keine Zeit!", antwortete sie.

Da hatte sie Recht. Es dürfte nur noch wenige Minuten dauern, bis das erste Mädchen aufs Klo musste und mich entdecken würde.

Vielleicht war es doch keine so gute Idee gewesen, durch das Klofenster einzusteigen. Das Fenster war recht hoch und für eine sperrige Rüstung wie meine zu eng. Lore wiederum war als Teufel verkleidet problemlos durch das Klofenster gezischt.

Meine Beine baumelten draußen und mein Oberkörper drinnen. Nun wusste ich, wie sich ein Pfeil fühlte, den man mit Schmackes in eine Wand geschossen hatte. Ich kam nicht vor und nicht zurück und betete, dass mich bloß niemand so sah. Was sollten die Leute denn dann denken? Wahrscheinlich: *Die bescheuerte Hannah versucht, sich als Darth Vader auf die Party zu schleichen. Geht's noch peinlicher?*

Lore hatte mittlerweile einen Fuß gegen die Wand gestemmt und riss am Kostüm. Es half nichts.

„Du hast dich total verkeilt. Ich glaube, das liegt am Plastikbrustpanzer."

„Ach was! Sag bloß!", schrie ich genervt, während mein Kopf knapp über der Kloschüssel hing.

„Und an dem Lichtschwert. Das hängt da auch irgendwie quer", stellte Lore fest, die die Art meiner Verkeilung genauer untersuchte. Sie stemmte die Hände in die Hüften und schnaufte durch. „Und nun? Was machen wir jetzt?"

„Keine Ahnung", erwiderte ich gequält. „Aber eines steht fest: Das ist der peinlichste Moment meines Lebens."

Was nicht so ganz der Wahrheit entsprach. Die peinlichsten Momente meines Lebens verbrachte ich mit meiner Familie. Beim Verreisen, Essen oder Einkaufengehen.

„Also was machen wir jetzt?“, fragte ich Lore. „Irgendwelche Ideen?“

Sie grübelte. „Wie wäre es, wenn wir dich nass spritzen und dann komplett mit Seife einschmieren?“

„Wie bitte?“ Ich konnte es nicht glauben.

„Nicht komplett. Nur deinen Hintern.“

„Auf gar keinen Fall!“, protestierte ich und begann zu zappeln wie irre. „Untersteh dich!“

Auf einmal hörten wir jemanden hereinkommen und ein Gorilla mit Umhängetasche riss die Tür zur Klokabine auf. Der Größe nach hatte sich definitiv ein Junge als Bananenfreund verkleidet.

„Hey, Mädchentoilette!“, schrie Lore, der verschwitzte Teufel, den Typ im Affenkostüm an.

Der Gorilla blieb stehen, kratzte sich am Kopf und starrte den Teufel verdattert an. Dann zeigte er auf die Pissoirs im Vorraum. Wir Trottel waren in die Jungentoilette geklettert. Na super.

„Okay“, sagte Lore, der jetzt auch auffiel, dass wir uns im Fenster geirrt hatten. „Dann pack mal mit an und hilf mir, Darth Vader zu befreien, bevor ihm die Füße einschlafen. Kriegst auch eine Banane dafür!“ Auf den Mund gefallen war Lore nicht. Die wusste, wie man mit Jungs umging. Zumindest mit Jungs, mit denen sie nicht zusammen war.

„Was ist? Packst du jetzt freiwillig mit an oder müssen wir Tarzan holen?“

Der Gorilla legte seine Tasche beiseite.

„Was soll ich machen?“, fragte er.

„Pack ihren rechten Arm. Ich nehm den linken. Und dann ziehen wir bei drei.“

„Okay.“ Der Gorilla und der Teufel packten meine Arme.

Der Teufel gab natürlich die Kommandos.

„Bei drei. Eins, zwei, dreiii!“

Beide rissen gleichzeitig so heftig an meinen Armen, dass ich befürchtete, nie wieder ein Lichtschwert schwingen zu können. Auf einmal bewegte ich mich. Ich bewegte mich!

„Es funktioniert! Weiter!“, feuerte der Teufel den Gorilla an.

Der Fensterrahmen knirschte bedrohlich, aber Stück für Stück rutschte ich nach vorne.

„Los! Das schaffen wir! Einmal noch!“, rief Lore.

Beide legten sich keuchend ins Zeug. Ich wette, dass meine Arme mittlerweile so lang waren, dass ich im Sitzen Bananen pflücken könnte. Was für Schimpansen und Gorillas richtig attraktiv sein müsste.

Dann ging es ganz schnell. Der verkeilte Brustpanzer knackte und ich schoss durch das Fenster wie eine Kanonenkugel. Meine Retter plumpsten nach hinten und ich flog über die Kloschlüssel hinweg und landete krachend auf dem

Bauch des Affen. Der stöhnte laut. Lore war als Erste wieder auf den Beinen.

„Na also. Geht doch", sagte sie, während sie ihre Klamotten richtete.

Anstatt aufzustehen und mich beim Gorilla für die Hilfe zu bedanken, blieb ich einen viel zu langen Moment liegen. Es war irgendwie so gemütlich. So warm, weich und haarig. Und wie oft bekommt man im Leben schon die Möglichkeit geboten, als Darth Vader auf einem Gorillabauch zu liegen?

„Sorry, aber gehst du mal von mir runter, bitte?", riss mich der Affe aus den Gedanken und katapultierte mich zurück ins Hier und Jetzt. Mittenrein ins Jungsklo.

„Äh, natürlich … Klar. Logisch. Entschuldige."

Ich ließ mich zur Seite plumpsen und Lore half mir hoch.

Der Gorilla rappelte sich auf. Er drückte ächzend seinen Rücken durch und wackelte mit dem Kopf, um zu prüfen, ob er noch dran und heil war. Ich hatte ihn wohl übler erwischt, als ich gedacht hatte. Gut, dass ich so wenig wog. Ich schwebte als dünner Winzling ja geradezu über dem Boden und konnte nur mit viel Mühe ein Loch in meine Matratze liegen.

„Hab ich dir wehgetan?", fragte ich vorsichtig nach.

„Was?" Der Affe hatte mich nicht verstanden.

„Hab ich dir wehgetan?!", schrie ich ihn an, wobei ich versuchte, mein Gebrüll höflich und nett klingen zu lassen. Was gar nicht so einfach war. Jemanden nett anbrüllen ist fast unmöglich. Probiert es mal aus. Am besten morgens, wenn euer Gegenüber noch nicht richtig wach ist.

„Nee, geht schon“, drang seine Stimme dumpf durch den Affenkopf. Keine Ahnung, wer aus unserer Schule in dem Kostüm steckte. Dann zeigte der Gorilla auf das Pinkelbecken.

„Nur zu. Lass dich nicht aufhalten“, antwortete Lore und blieb stehen. Der Affe glotzte sie blöd an und Lore glotzte blöd zurück. Wahrscheinlich gab es in der Hölle keine Gorillas.

Ich stellte mich neben Lore. „Ich denke, er will, dass wir rausgehen.“

„Ach so, ja klar.“

Lore packte mich und zog mich aus dem Klo. Kaum hatten wir die Tür nach draußen geöffnet, knallte uns Musik und Geschrei in die Gehörgänge. Lichtblitze durchzuckten den Raum, die Tanzfläche war bereits pickepacke voll mit verkleideten Leuten. Verschwitzte Körper wackelten zu Songs aus den Charts. An der Theke standen die Leute ungeduldig Schlange, während die Thekencrew schreiend Getränke überreichte und abkassierte. Alkohol gab es offiziell keinen, aber einige Typen sahen so aus, als ob sie sich selber welchen besorgt hätten. Immer wieder sah man sie in den dunklen Ecken stehen und verschwörerische Blicke um

sich werfen. Fühlten sie sich sicher, zogen sie schnell kleine Flaschen aus ihren Kostümen und entleerten sie in große Plastikbecher. Dann prosteten sie sich lautstark zu und lachten. Die hatten schon jetzt zu viel intus. Das konnte noch heiter werden. Auf den Sesseln und der großen Couch saßen Pärchen und knutschten. Eine blutverschmierte Krankenschwester untersuchte die Mandeln eines Vampirs mit ihrer Zunge und irgendein Kettensägenmörder testete die Reißfestigkeit eines Geishakostüms. Lore gab mir mit Händen und Füßen zu verstehen, dass sie sich jetzt auf die Suche nach Thomas machen würde. Der war als Joker unterwegs. Batmans Erzfeind. Lore mischte sich unter die Leute. Ab und zu sah ich noch ihren Dreizack über den Köpfen wippen. Wie ein Segel im Meer bei Wellengang tauchte er auf und verschwand wieder im Getümmel.

Über der Tanzfläche hing eine Discokugel und darunter hopste eine. Jutta Prötter. Die hatte schwer was auf den Rippen und eine unheimlich extrovertierte Art zu tanzen. Und zwar in Form von Ganzkörperzuckungen, so als ob sie von schweren Stromstößen malträtiert werden würde. Entspannung. Stromstoß. Entspannung. Stromstoß. Jutta hatte sich übrigens als Weihnachtsbaum verkleidet. Sie trug ein grünes Kleid mit angenähten roten

Weihnachtskugeln, roten Totenköpfen und Zuckerstangen – als kleine Mahlzeit für zwischendurch. Um mehr zu funkeln, hatte sie sich silbernes Lametta aufgeklebt, und auf dem Kopf trug sie einen schwarzen Engel, der sich verzweifelt in den Haaren festkrallte, während Jutta ihren Körper ruckartig hin und her schleuderte. Die anderen Mädels achteten beim Tanzen deutlich mehr darauf, möglichst cool oder sexy rüberzukommen, während die Jungs sie aus sicherer Entfernung mit offenen Mündern anstarrten. Richtig ausflippen tat nur Jutta. Die scherte sich nicht darum, was andere über sie dachten. Und der Takt der Musik konnte sie auch mal kreuzweise. Die tanzte einfach weiter wie gehabt, obwohl die Musik sich komplett gedreht hatte. Von Soul zu Metal. Jutta war es Wurst. Der Weihnachtsbaum wurzelte in seinem eigenen Film mit seiner eigenen Musik und seinem eigenen Rhythmus. Ich mochte Jutta.

Ich platzierte mich links von der Theke, wo ich niemandem im Weg rumstand und auch nicht weiter auffiel. Die Tanzfläche war mittlerweile total überfüllt. Mit der Stimmung stieg auch die Temperatur merklich an. Immer öfter taumelten verschwitzte Monster, Geister, Werwölfe, Vampire und Skelette in meine Richtung und holten sich eine Erfrischung, die sie gierig auf ex runterkippten, bevor sie sich sofort wieder in die Meute stürzten.

Auf der anderen Seite der Theke entdeckte ich den Gorilla. Er wippte rhythmisch mit seinem haarigen Kopf und trank Cola mit einem langen Strohhalm. Immer wieder standen irgendwelche Typen neben ihm. Immer nur Jungs. Was mir gut in den Kram passte. Sie klopften ihm auf die Schultern oder auf den Rücken. Dann steckten sie die Köpfe zusammen und lachten. Immer wenn sich unsere Blicke trafen, senkte ich schnell den Blick und zuppelte an meinem Kostüm rum, als müsste ich es richten. Und als ich es wieder wagte, zu ihm hinüberzusehen, hob er seine Flasche und prostete mir zu. Ich überlegte, wer wohl in dem Kostüm steckte. Ich kam einfach nicht drauf. Etliche Jungs konnte ich ausschließen. Schließlich war der Affe ein Netter. Und so viele nette Jungs gab es bei uns in der Schule nicht. Ich zog mich in die dunkelste Ecke zurück, beobachtete das Treiben und versuchte, den Gorilla im Blick zu behalten. Stand ich etwa auf Affen? Ab und zu sah ich meinen Teufel die Tanzfläche absuchen. Lore wirkte genervt. Scheinbar war es ihr immer noch nicht gelungen, Thomas ausfindig zu machen.

Irgendwann lehnte sie neben mir an der Wand. Sie war sauer. Supersauer.

„Ich find den Idioten nicht!", brüllte sie über die Musik hinweg.

„Vielleicht hat er es sich anders überlegt und ein anderes Kostüm angezogen?"

„Oder er ist draußen", zischte sie. „Rumknutschen mit Mona."

„Was?“, schrie ich zurück und deutete auf meinen Helm. „Du musst lauter …“

„Er ist bestimmt draußen und knutscht mit Mona rum!“, brüllte sie mir so laut ins Ohr, dass sich die Leute neben uns umdrehten.

„Dann geh halt raus und sieh nach“, schlug ich ihr vor.

„Ja wie denn? Ich hab keinen Stempel. Wenn ich rausgehe, komme ich nicht mehr rein.“

Daran hatte ich nicht gedacht. Alle erwünschten Gäste hatten einen Stempel auf dem Handgelenk. Und ohne Stempel konnte man zwar raus, kam aber nicht wieder rein.

„Dann kletter durchs Klofenster.“

„Geht nicht. Zu viel Betrieb.“ Lore nickte Richtung Mädchenklo, vor dem sich inzwischen eine kilometerlange Schlange gebildet hatte. Was mich nicht verwunderte.

Wofür Mädchenklos wirklich da sind:

1. Zum Tratschen.
2. Zum Nachschminken.
3. Zum Heulen.

„Und nun?“, fragte ich. „Sollen wir abhauen?“

„Von wegen! Irgendwann kommt er schon wieder rein und dann schnapp ich ihn mir.“ Lore marschierte Richtung Eingang, um Thomas abzufangen. „Los, komm mit!“, schrie sie und ich folgte ihr.

Im Eingangsbereich war es schön kühl und die Musik angenehm gedämpft. Die Kasse war bereits abgebaut worden. Nur noch zwei Zombies aus irgendeiner zehnten Klasse standen vor der Tür und kontrollierten genervt die Stempel der Leute, die wieder reinwollten. Ich würde die ja eher nicht nerven. Zombies fressen Gehirne.

An den beiden Kandidaten, die die Einlasser gerade lautstark anmeckerten, hätten sie sich allerdings nicht satt fressen können. Es waren die Spatzenhirne Sven und Justin, die lallend und schwankend mit den Zombies diskutierten, weil sie draußen bleiben mussten. Sie waren zu betrunken. Eine Weile zeterten sie noch rum, drohten und schimpften, dann verzogen sie sich beleidigt. Es war herrlich, das zu beobachten.

Obwohl Lore direkt neben mir stand, hatte sie nicht mitbekommen, wie Sven und Justin rausgeschmissen wurden. Ihr Kopf kreiste, ihre Blicke schossen mal da-, mal dorthin. Sie war unruhig, richtig hektisch.

„Beruhige dich. Du wirst ihn schon finden.“

Lore hörte mir nicht mal zu. Ich wusste gar nicht, ob sie mich überhaupt wahrnahm. Sie hatte einen totalen Tunnelblick und zog alles und jeden über ihren Scanner wie eine Kassiererin im Supermarkt die Einkäufe. Diedipp. Thomas Richter, 10. Klasse, Verkleidung: Leiche. Diedipp. Sabine Koschitzki, 9. Klasse, Gespenst. Diedipp. Holger Westlage, 10. Klasse, Axtmörder. Diedipp. Hakan Ilmaz, 9. Klasse, Mafioso …

„Lore, beruhige dich." Ich zupfte an ihrem Ärmel.

Sie sah zu mir runter.

„Ja, ja." Als die Tür sich wieder für einen Moment öffnete, warf sie einen suchenden Blick nach draußen. „Wo ist der Kerl?"

Zwei korpulente Typen kamen rein, die ich nicht kannte, und Lore sprach sie an: „Hey, ihr beiden Ninjas, habt ihr Thomas gesehen?"

Die Ninjas schüttelten ihre Köpfe und verschwanden.

„So was Blödes! Dann muss er doch drinnen sein. Los, wir gehen wieder rein!"

Ich trabte wie ein Schäfchen hinter Lore her, die sich kreuz und quer durch die Meute quetschte. Von Thomas keine Spur. Gerade als wir über die Tanzfläche liefen, wechselte die Musik und mir schwante Übles. Erst schrien alle auf. Dann begannen die ersten Jungs, auf der Stelle zu springen. Aber mit dem Refrain tickten alle aus. Sie schubsten sich und ich Zwerg wurde zum Spielball, verlor die Kontrolle über meinen Körper. Ich flog von rechts nach links und wieder zurück. Und es machte mir Spaß. Großen Spaß. Aber als ich gerade hochspringen wollte, trat jemand auf meinen verdammten Umhang und ich stürzte. Mein Helm verrutschte. Ich wusste nicht mehr, wo ich war. Ich rappelte mich wieder hoch und versuchte, meinen Helm gerade zu rücken. Aber bevor mir das gelang, wurde ich wieder umgeschmissen. Mein Kopf knallte auf den Boden. Ich lag auf dem Rücken wie ein dicker Käfer, der sich alleine nicht umdrehen kann. Ich fürchtete, zertrampelt zu werden. Der Helm rutschte wieder zurück. Ich konnte wieder sehen. Und sah nichts. Nichts als herumfliegende Körper, die „No-no-no-no!“ aus heiseren Kehlen brüllten. Auf einmal packte mich jemand, hob mich hoch und zog mich hinter sich her, runter von der Tanzfläche, raus aus der tosenden Meute, in ruhigere Gewässer. Ich setzte mich auf eine Bank ganz am Rand und keuchte. Mein Kopf schmerzte und ich ärgerte mich. Warum musste ich nur so klein sein? Warum konnte ich da nicht einfach mitzappeln?

„Alles okay mit dir?“

Ich drehte mich zur Seite und sah meinen Retter. Es war der Gorilla.

„Brauchst du was? Wasser oder so?“, fragte er.

„Nee, geht schon!“, rief ich laut. „Es ist alles okay. Ich brauch nur eine Pause.“

„Wirklich? Du bist ganz schön auf den Kopf geknallt.

Nicht dass du eine Gehirnerschütterung hast." Der Gorilla klang besorgt.

„Geht schon. Und um eine Gehirnerschütterung zu kriegen, muss man ja erst mal ein Gehirn haben. Und laut meiner Mutter hab ich da …", ich zeigte auf meinen Kopf, „nur Unsinn und kein Gehirn drin."

„Dann ist ja gut." Ich war mir sicher, dass der Gorilla lächelte. Es klang einfach so. „So ein Umhang ist echt unpraktisch zum Ausrasten", bemerkte er, nahm meinen Umhang kurz in die Hand und ließ ihn wieder fallen.

„Ja, leider. Aber ansonsten ist so ein Darth-Vader-Kostüm spitze. Es betont die Figur, verschönert das Gesicht und dank des stinkenden Plastiks kann man sich das Deo sparen."

Der Affe lachte, klopfte mir aufs Bein und stand auf.

„Ich sehe, du bist schon wieder fit. Ich muss dann mal." Er deutete auf eine Gruppe von Jungs.

„Danke noch mal", murmelte ich und blieb noch eine ganze Weile sitzen, ohne den Gorilla aus den Augen zu lassen. Ab und an sah auch er zu mir rüber. Dann verschwand er aus meinem Blickfeld. Ein paar Minuten später saß Lore neben mir.

„Hey, geht es dir besser?", fragte sie.

„Warum fragst du?"

„Der Gorilla hat mir erzählt, dass du gestürzt bist, und meinte, dass ich mal nach dir schauen soll!"

Dass sich der Gorilla um mich sorgte, fand ich schön.

„Mir geht es gut. Alles spitze." Ich reckte meinen Daumen hoch.

„Wirklich? Er hat gesagt, dass du auf den Kopf gedonnert bist."

„Ja, aber ich hab doch einen Helm auf!" Ich zeigte auf das Plastikding.

„Ich wusste schon, warum ich dieses Kostüm für dich ausgesucht hab. Du Bruchpilot!"

Wir mussten beide lachen. Dann sah mich Lore streng an.

„Jetzt mal im Ernst. Ist alles okay mit dir oder soll ich dich nach Hause bringen?"

„Nein, nein!", schrie ich. Zwar brummte mein Kopf immer noch ein wenig, aber nach Hause wollte ich auf gar keinen Fall. Ich wollte hierbleiben. Den Trubel genießen, Musik hören und gelegentlich einen Blick auf meinen haarigen Retter werfen.

„Ist es in Ordnung, wenn ich noch 'ne Runde drehe, oder soll ich bei dir bleiben?", brüllte mir Lore direkt ins Ohr. Ich nickte nur und wedelte mit den Armen, dass sie ruhig gehen und mich alleine lassen konnte.

Die Luft wurde immer stickiger und mir wurde immer heißer und heißer unter meiner Plastikmontur. Der Schweiß lief mir die Stirn runter. Ich brauchte dringend was zu trinken. Mit einem Strohhalm. Also machte ich mich auf zum

Tresen, lehnte mich darüber und schrie den Barkeeper an: „Eine Cola mit Strohhalm, bitte!“

Der Barkeeper sah mich an und zuckte mit den Schultern.

„Eine Cola!“, brüllte ich.

Der Typ hinterm Tresen zeigte immer wieder auf seine Ohren und dann auf meinen Helm, den ich wohl absetzen sollte. Aber das ging ja nicht. Ich gab auf, drehte mich um und rannte fast den Gorilla über den Haufen.

„Hey, hey!“, rief der. „Nicht so stürmisch.“

Oh Gott, wie peinlich.

„Du stehst wohl auf stark behaarte Typen, was?“

„Schon immer!“, schrie ich. „Das Krümelmonster war meine erste große Liebe!“

Der Gorilla warf seinen Kopf in den Nacken und lachte.

Und zwar total süß. Am liebsten hätte ich ihm gleich ein Leckerchen gegeben. Ein Stück Zucker, Weintrauben oder einen Schokoriegel. Irgendwas, was männlichen Primaten besonders gut schmeckt.

Als er sich wieder beruhigt hatte, ging er zur Theke.

„Willst du auch eine Cola?“

Ich nickte heftig.

Er winkte den Barkeeper herbei und zog seine Maske hoch. Allerdings nur bis knapp über den Mund, sodass ich ihn nicht erkennen konnte. Mist, verdammter. Aber er hatte schöne Lippen. Der Barkeeper stellte zwei kleine Flaschen

Cola auf den Tresen, öffnete sie und steckte jeweils einen Strohhalm rein. Der Gorilla bezahlte, zog seine Maske wieder runter, drehte sich um und überreichte mir eine Flasche.

„Was kriegst du?“

„Was?“

„Was muss ich zahlen?“, schrie ich.

„Schon gut. Geht auf mich. Prost!“ Er hielt mir die Cola vors Gesicht und ich stieß mit ihm an. Vorsichtig fädelte ich den Strohhalm durch den Helm hindurch. Es dauerte etwas, bis der Strohhalm endlich gegen meine Lippen stieß und ich einen Schluck trinken konnte. Dem Gorilla war es offensichtlich auch ordentlich heiß unter seinem Kostüm. Er leerte die Cola in einem Zug.

„Ah! Das tat gut!“, seufzte er und stellte die Flasche ab.

„Absolut!“, schrie ich. „Ist ja auch eine Affenhitze hier drin.“

Wieder lachte der Gorilla. Er hatte wirklich Humor. Einen guten sogar. Schließlich beömmelte er sich über meine Witze. Mein Gehirn ratterte.

Ich wollte unbedingt noch einen drauflegen. Beweisen, dass ich wirklich unfassbar witzig und schlagfertig war.

„Was macht dein Kopf?“, fragte er.

„Er ist nicht kaputter als vorher.“

„Und? Wie heißt du?“, fragte er amüsiert.

„Darth Vader.“

„Klar. Und wenn du nicht gerade versuchst, die Welt zu beherrschen?“

„Darf ich nicht sagen. Befehl vom Imperator.“

„Verstehe. Dann nimm doch einfach mal den Helm ab.“

„Nee.“ Ich wand mich.

„Muss ich die Sturmtruppen rufen?“

„Wen?“

„Star Wars. Sturmtruppen. Das sind diese weißen Soldaten.“

„Kenn ich nicht. Ich steh ehrlich gesagt gar nicht so auf Science-Fiction. Ich kenne die ganzen Filme nur, weil ich die mit meinem Freund Till gucken musste. Ich … äh … meine, mit meinem Exfreund Till. Also eigentlich waren wir nur Freunde …“ Was machte ich denn da? Mich um Kopf und Kragen reden. Hör auf damit!, dachte ich so laut und eindringlich, wie es ging.

„Aber wenn du dich eh nicht für Star Wars interessierst, kannst du doch auch den Helm absetzen“, meinte der Gorilla.

„Nee, geht nicht.“

„Verstehe. Weil ihr euch reingeschlichen habt und rausfliegt, wenn man euch erkennt.“

Warum sollte ich es leugnen? Schließlich hatte er mich aus dem Klofenster befreit. Also sagte ich nur: „Ja.“

Der Gorilla sah mich an. Ziemlich lang. Und sagte nichts.

Ich bildete mir ein, dass er unter seiner Maske grinste.

„Willst du tanzen?“, fragte er mich.

„Nee, lass mal. Ich kann nicht tanzen!“ Was nicht stimmte. Ich konnte super tanzen. Nur nicht schön. Ich hopste eher wie eine Irre, deren Füße in Flammen standen. Was enormen Spaß machte, aber beknackt aussah.

„Quatsch! Komm!“, sagte er, deutete eine Verbeugung an und hielt mir seinen Arm hin. Was für ein vornehmer Affe, dachte ich. Irgendwie altmodisch war das. Was mir echt gefiel. Ich legte meine Hand auf seinen Arm und er führte mich zur Tanzfläche. So wie Opa früher wahrscheinlich Oma zum Schwofen lockte. Opa nannte Tanzen Schwofen. Ein nettes Wort. Ich sagte es gerne. Schwof. Nun war es an mir, zu schwofen.

Zwischen all den hüpfenden, wiegenden Körpern bemühte ich mich heftig, nicht allzu dämlich auszusehen. Der Gorilla tanzte echt gut. Ich eher vorsichtig. Wobei ich darauf achtete, mich nicht zu weit von ihm zu entfernen – nicht dass sich ein anderes Mädchen zwischen uns quetschte. Aber ich durfte ihm auch nicht zu nah kommen. Darth Vader musste cool bleiben.

Ich versuchte krampfhaft, mich zum Rhythmus zu bewegen, ohne mich zu bewegen, also nicht zu doll zu bewegen, um bloß nicht freakig zu wirken. Ich hampelte ein bisschen mit meinen Beinen rum, hielt meinen Oberkörper dabei aber so gerade wie möglich, als ob ich einen Stock oder unsere steife Klassenlehrerin verschluckt hätte. Dann wechselte die Musik. Das Licht wurde gedämpft. Eine langsame Nummer fing an. Irgendeine Ballade. Die ersten Pärchen umarmten sich, hingen aneinander wie Magnete und wiegten sich gemeinsam. Und ich? Ich stand blöd da und starrte den Gorilla an, der ebenfalls ratlos wirkte. Dann zuckte er mit den Schultern und drückte mich fest an seine behaarte Brust. Ich wusste nicht, was ich tun sollte. Ich ließ mich einfach treiben. Meine Arme hingen schlapp herunter, während der Affe mich sanft hin und her wiegte. Wir drehten uns langsam um uns selbst. Auf einmal war es, als wären wir allein. Mein Hirn schloss ab. Machte Feierabend. Ich hörte nichts mehr und sah nichts mehr. Ich war nur noch Körper, nur noch Spüren. Irgendwann sah ich Lore. Sie scannte den ganzen Raum ab. Auf der Suche nach Thomas oder mir. Sanft drehte ich den Gorilla, bis er zwischen mir und Lore tanzte. Ich wollte nicht gestört werden. Von niemandem. Ich wollte nur eines: dass der Abend nicht endete. Ich wollte ihn ausdehnen, in den Winter, ins Frühjahr und in den Sommer hinüberretten. Ich wollte beim Gorilla bleiben. Von mir aus würde ich ihm auch in den Dschungel folgen, Affenexpertin werden, Bananen futtern und ihn nach Läusen absuchen. Ich war zu allem bereit.

Nur die Welt nicht. Und der Hausmeister des Beachclubs schon mal gar nicht. Die zombiegrau bekittelte Spaßbremse schaltete einfach die Beleuchtung an. Gefühlte tausend Neonröhren flackerten gleichzeitig auf. Das grelle Licht füllte den Raum schlagartig bis in die hinterletzte Ritze. Ich kniff die Augen zusammen. Fast alle Feiernden schrien gleichzeitig auf.

Besonders die Jungs in der Knutschecke waren stinkesauer bis heftig überrascht.

„Hey! Licht aus, ihr Schwachköpfe!“

„Tickt ihr noch ganz sauber?“

„Wie soll man denn so knutschen?“

„Ach, du bist das, Mila. Ich dachte, du wärest Jutta!“

„Arschloch!“

„Mila, bitte. Ich hab mich nur vertan! Lass uns weiterknutschen.“

Aber der Hausmeister kannte keine Gnade. Er ging zum DJ-Pult und drehte eigenhändig die Musik ab. Dann schrie er: „Feierabend! In fünf Minuten seid ihr alle draußen!“

Ich war überhaupt noch nicht dazu bereit, meinen Affen in die Freiheit zu entlassen. Und kam so ein Gorilla da draußen überhaupt alleine klar? In einer Stadt? Ich presste mich weiter fest an seine Brust und bemerkte gar nicht, dass er mich längst losgelassen hatte. Als ich es bemerkte, war es zu spät, um es nicht mehr peinlich zu finden.

Er klopfte mir auf die Schultern.

„Äh, du, die Musik ist aus.“

„Oh." Ich wich einen Schritt zurück. „Klar. Äh, sorry. War in Gedanken."

„Tja." Der Gorilla sah sich um. „Das war es dann wohl."

Auch ich ließ meinen Blick wandern. Ein Teil der Gäste drängte sich bereits vor dem Ausgang, andere suchten ihre Jacken und ein paar knutschten immer noch rum.

„Ja, stimmt. Das Licht ist auch an", sagte ich, warum auch immer.

„Und die Leute gehen", stellte der Affe das Offensichtliche fest.

Sollte es irgendwann mal einen Nobelpreis für Gespräche mit komplett überflüssigem Inhalt geben, hätten wir beide gute Chancen, ihn zu gewinnen.

„Und nun?", fragte er mich.

„Weiß nicht." Ich tapste ein bisschen unsicher auf der Stelle, wusste nicht, wohin mit meinen Armen und Blicken. Weil wir beide irgendwas wollten. Nur nicht ganz genau wussten, was und wie wir dahin kommen sollten.

Auf einmal packte mich jemand an der Schulter. Lore.

„Komm, wir müssen los. Deine Mutter wartet draußen im Wagen."

Ich erstarrte. Woher wusste sie, dass ich hier war?

„Was? Wieso? Sie denkt doch, dass ich bei dir …"

„Meine Mutter konnte uns nicht abholen", fiel Lore mir ins Wort. „Emil hat Fieber. Und da hat sie wohl deine Mutter angerufen. Ja. Und nun ist sie da. Und sie ist sauer. Sehr sogar."

Kein Wunder. Schließlich hatte ich behauptet, bei Lore zu pennen. Von der Party hatte ich ihr ja nicht berichtet. „Mist. Aber … aber …" In meinem Kopf rasten die Gedanken kreuz und quer wie Schneeflocken in einem Schneesturm. Ich wollte hier nicht weg. Ich wollte aber meine Mutter auch nicht noch wütender machen.

„Was ist mit Thomas, hast du ihn gefunden?", fragte ich zerstreut.

„Ja. Falscher Alarm. Er hat die ganze Zeit in der Küche geschuftet. Brötchen geschmiert und Getränke besorgt und so."

„Na das ist doch toll", sagte ich matt. „Und …"

„Nix und. Wir müssen jetzt los!", fuhr Lore dazwischen.

Ich drehte mich zum Gorilla um, wollte ihm was Nettes sagen, ihn nicht einfach so stehen lassen. Aber mir fiel nichts ein.

„Los, komm. Bevor sie reinkommt."

„Bloß nicht!", schrie ich.

Ich fluchte, während Lore mich von der Tanzfläche durch den Flur nach draußen zog. Hektisch winkte ich dem Gorilla zu, der zaghaft zurückwinkte und uns hinterhersah.

Kurz bevor ich in Mutters alten Golf stieg, sah ich Kevin, Barbies neuen Freund. Er war allein. Keine Jette weit und breit. Erst als ich mit Lore im Auto saß und Mutter, ohne auch nur ein Wort zu sagen, vom Parkplatz fuhr, fiel mir auf, dass Jette nicht nur nicht im Auto saß, sondern dass ich sie auf der Party ebenfalls nicht gesehen hatte. Merkwürdig. Ob es zwischen Jette und Kevin bereits kriselte?

Das wäre schon ein Rekord, wenn ihre Beziehung nicht mal einen Tag lang gehalten hätte. Ich dachte darüber nach, ob es ratsam war, Mutter nach Jette zu fragen, entschied mich aber dagegen, weil sie wirklich böse auf mich zu sein schien. Sie sagte zwar nichts, aber immer wieder funkelte sie mich finster durch den Rückspiegel an. Lore hielt auch die Klappe, um bloß kein Öl ins Feuer zu gießen.

So fuhren wir schweigend durch die Nacht. Als Erstes setzten wir Lore ab, die sich kurz verabschiedete und den ganzen Weg vom Parkplatz zum Hochhaus rannte. Mutter wartete noch, bis Lore im Flur verschwunden war. Dann startete sie den Wagen und fuhr los.

Während Mutter mich weiterhin anschwieg, dachte ich über den Abend nach. Über den Gorilla, über Jungs und dass ich ausgerechnet als Darth Vader verkleidet einen netten Jungen kennengelernt hatte.

Kleider machen Leute. Das sagt man ja so. Aber was bedeutete das in meinem Fall? War ich als Darth Vader attraktiver als in normaler Kleidung? Und was für Konsequenzen sollte ich daraus ziehen?

Die drei wichtigsten Lehren aus dem heutigen Abend:

1. Eine Maske zu tragen, macht mich attraktiver.
2. Beim Tanzen sollte ich immer darauf achten, dass die Musik noch läuft.
3. Ich sollte immer Bananen dabeihaben.

Als wir zu Hause ankamen, wollte ich gleich in den Garten laufen, um über den Baum in mein Zimmer zu klettern. Aber Mutter hielt mich an meinem Umhang fest. Umhänge sind echt unpraktisch.

„Das ist nicht nötig. Du kannst auch die Treppe nehmen“, sagte sie und ich hatte schlagartig ein mulmiges Gefühl im Bauch. Ich stürmte ins Haus und die Treppen hoch zu meinem Zimmer. Als ich oben ankam, erschauderte ich. An meiner Zimmertür prangte für alle gut sichtbar ein Schild: *Jettes Reich!*

Ich schrie auf und griff instinktiv zu dem dusseligen Lichtschwert, das zu meinem dusseligen Kostüm gehörte. Am liebsten hätte ich mit dem Laser aus der Tür Kleinholz gemacht und mein Zimmer zurückerobert. Ich ruckelte an der Klinke. Abgeschlossen. Ich bollerte, so fest ich konnte, gegen die Tür. Es war mir egal, ob Jette schon schlief oder ich das ganze Haus aufweckte.

Bom! Bom! Bom!

Nichts geschah. Noch mal. Bom! Bom! Bom!

Dann erklang Jettes Stimme. Süß und verlogen hauchte sie: „Ja, bitte?“

„Mach die Tür auf!“, schrie ich.

„Wer ist denn da?“, fragte sie, als ob sie das nicht ganz genau wüsste.

„Hör auf mit dem Quatsch und mach die verdammte Tür zu meinem Zimmer auf.“

„Ach, du bist es. Der Troll. Lieber Troll, deine Wohnhöhle ist unter dem Dach. Das Zimmer hier ist meins.“

Bom! Bom! Bom!

„Ich warne dich …“

Gerade als ich Jette drohen wollte, stand auf einmal meine Mutter hinter mir.

„Lass gut sein, Hannah. Deine Sachen sind alle schon oben.“

Ich fuhr herum und schrie sie an: „Verräterin!“

„Hannah, es tut mir ja auch leid. Aber wir alle müssen Kompromisse eingehen. Das ist nun mal so.“

„Und welchen Kompromiss bist du eingegangen?“, schrie ich sie an. „Keinen!“ Dann rannte ich mit Tränen in den

Augen die Treppen hoch zu meinem neuen Zimmer. Dem Loch, der Wohnhöhle für Trolle. Und wie ich es erwartet hatte, war das Zimmer bereits mit meinen wenigen Möbeln (Bett, Schrank, Regal, Schreibtisch, Schreibtischstuhl und Sessel) hoffnungslos vollgestellt.

Ich kam mir vor wie ein Huhn in einer Legebatterie. Wütend knallte ich mich aufs Bett. Dass Jette die Party hatte sausen lassen, nur um in Ruhe mein Zimmer zu übernehmen, damit hätte ich niemals gerechnet. Ich riss mir den Plastikbrustpanzer vom Leib und feuerte ihn zusammen mit dem kindischen Lichtschwert unter meinen Schreibtisch, der gleich neben dem Bett vor dem kleinen Dachfenster stand. Mein neues Zimmer lag direkt über meinem alten und aus dem Dachfenster konnte ich ebenfalls in den Garten und auf den Pflaumenbaum schauen. Allerdings war es unmöglich, von hier über den Pflaumenbaum zu verschwinden. Es war einfach zu hoch und gefährlich und außerdem waren die Äste des Baums in der Krone viel zu dünn. Die würden mein Gewicht im Leben nicht tragen, vor allem nicht, wenn ich mit Schwung reinspringen würde. Ich sah mich um. Das Zimmer war so groß wie ein Schuhkarton.

In die Mitte hatten Mutter und Hannes meinen alten Sessel gestellt. Der war eigentlich viel zu riesig für das winzige Zimmer. Aber das war mir egal. Lieber würde ich täglich um ihn herum und darübersteigen, als auf ihn zu verzichten. Dieser

Sessel war einfach perfekt, obwohl er so abgenutzt und hässlich war. Man konnte in ihm lesen, aus dem Fenster schauen und dabei Musik hören, Hausaufgaben machen, träumen, telefonieren und bestimmt auch gut über Gorillas nachdenken. Einfach alles. Ich kuschelte mich in den Sessel hinein und wurde merkwürdig ruhig. Der zurückliegende Abend verwirrte mich immer mehr. Es war so schrecklich viel passiert. So viel Gutes und dank Barbie so viel Schlimmes. Aber trotz meines unfreiwilligen Umzugs ins Dachgeschoss überwog bei mir die Freude. Ich verspürte so eine schöne Unruhe. Dem Gorilla sei Dank. Ich schnappte mir mein Handy und schickte Lore eine SMS.

Ich bin verwirrt.

Ein paar Sekunden später kam Lores Antwort.

Hat der Gorilla was damit zu tun?

– Ja. Auch.

– Wieso auch?

– Mein Zimmer ist weg.

– WAS? :O

– Erklär ich dir morgen, okay? HDL

– Okay. Bis morgen. Bleib cool. Alles wird gut. HDL

Alles wird gut. Ich musste lächeln. Alles wird gut. Wirklich? Ich zögerte. Schreiben hilft beim Denken. Ich fand meinen Laptop im Schreibtischfach und legte los.

Ist es Liebe – wenn oben manchmal unten ist?

Wer verknallt ist, ist nicht mehr normal. Und das ist auch gut so. Denn Liebe ist dazu da, uns auf den Kopf zu stellen und Gefühle auszulösen, die einen irremachen können. Die ganze Welt um uns herum verändert sich. Wenn man glücklich verliebt ist, kann selbst Regenwetter romantisch sein, aber wenn man unglücklich verliebt ist, gehen einem sogar die Sonne und eine Taschengelderhöhung auf die Nerven.

Die Liebe ist launisch und treibt einen dazu, dummes Zeug zu machen. Verliebte Mädchen führen sich manchmal so auf, als hätten sie da, wo nicht verliebte Mädchen ein Gehirn haben, nur einen Liter Eintopf drin. Mit Tausenden von undefinierbaren Zutaten. So eine total verkochte, breiige, undurchsichtige Flüssigkeit, der man nicht auf den Grund gucken kann. Und wer so durch seine Tage schlingert, wessen Bauch ständig kribbelt, als würde man ihn von innen kitzeln, der hat Probleme, auch nur einen klaren Gedanken zu fassen.

Aber bist du wirklich verliebt oder hast du nur Mutters Dinkelkekse nicht vertragen?

Die drei wichtigsten Hinweise darauf, dass du verliebt bist:

1. Wenn du dich auf nichts mehr richtig konzentrieren kannst.
2. Wenn deine Gefühle Achterbahn fahren und du ohne erkennbaren Grund jubeln oder heulen könntest.
3. Wenn die Welt ein perfekter Platz ist, sobald er in deiner Nähe ist.

1

2

3

Aber was sollte ein Mädchen tun, das nicht wusste, wie der Junge aussah, in den es sich verliebt hatte? Das nicht mal wusste, wie er hieß, wo er wohnte und wo er zur Schule ging? Ich wusste nur, dass mein Junge ein Gorillakostüm hatte, nett war und gut tanzen konnte.

In meinem Kopf war Kirmes. Gedanken blitzten auf. Erinnerungen flatterten herum. War ich dabei, so durchgeknallt zu werden wie Lore? Und vor allem: Würde der Gorilla mich ohne Kostüm überhaupt leiden können? Und vielleicht fände ich ihn ja auch voll doof – so ohne Kostüm.

Aber eigentlich ist es doch toll, sich in jemanden zu verknallen, den man nie richtig gesehen hat. Das ist doch ehrlich und null oberflächlich. Ob er schön ist oder ob er aussieht wie ein Komposthaufen in strömendem Regen, spielt keine Rolle. Man lernt den Menschen hinter der Fassade kennen. Aber es gibt ja so viel mehr Sachen, die passen müssen, damit eine Beziehung funktioniert.

Welcher Junge passt zu dir?

Egal, wie verrückt du spielst, wenn du an deinen Schwarm denkst: Dein Freund muss zu dir passen. Du solltest dringend eure Interessen abchecken, herausfinden, ob ihr euch auch außerhalb von Partys was zu erzählen habt. Ob ihr gerne miteinander Zeit verbringt. Und vor allem, ob ihr euch riechen könnt. Tiere beschnuppern sich ja schließlich auch erst, um herauszufinden, ob sie sich leiden können. Die gehen weniger nach der Optik, sondern eher danach, ob der Hintern des anderen nach Blümchen duftet oder nach Ärger. Bei Menschen ist das nicht grundsätzlich anders. Auch wenn wir in der Regel darauf verzichten, am Hintern des anderen zu riechen. Der Geruchssinn ist tatsächlich mitentscheidend. Klingt bekloppt, ist aber so. Aber ob der Auserwählte auch gut für uns ist, das kann uns keine Nase der Welt sagen. Genau so wenig wie unsere Eltern übrigens. Manche von denen befürchten ja grundsätzlich das Schlimmste. Sie misstrauen allen Jungs. Ich will nicht behaupten, dass alle Eltern immer nur Quatsch erzählen. Sie wollen ja nur das Beste für uns. Aber trotzdem: Ob jemand gut oder schlecht für dich ist, musst du selber entscheiden. Auf Ratgeber und damit natürlich auch auf deine Eltern solltest du aber schon hören und auch wirklich darüber nachdenken. Denn Liebe macht nicht nur blind, sondern auch taub und dumm.

Drei Situationen, die belegen, dass die Liebe dein Hirn bereits aufgeweicht hat:

1. Du hältst deinen Typ für ein Genie, weil er den Namen Anna auch rückwärts schreiben kann.
2. Du hältst deinen Typ für den geborenen Komiker, weil er denselben Witz immer und immer wieder erzählt und du trotzdem darüber lachst, obwohl deine Freunde schon genervt den Raum verlassen haben.
3. Du findest es völlig okay, dass er sich nur einmal in der Woche duscht, weil er einen so markant männlichen Duft verströmt.

Sollte davon etwas auf dich zutreffen, tritt auf die Bremse und frage dich: Bist du noch du selbst?

War ich noch ich selbst oder war ich schon blind? Hatte ich schon den Verstand verloren? War der Gorilla gut für mich? Könnte sein. Vielleicht aber auch nicht. Woher sollte ich das wissen? Ich musste schließlich erst einmal herausfinden, wer überhaupt im Kostüm gesteckt hatte.

Die drei Typen, die keinesfalls der Gorilla sein sollten:

1. Thomas
2. Sven
3. King Kong

Ich grinste und träumte davon, wie ich meinen Gorilla enttarnte. Und wie cool es wäre, wenn sich der Gorilla als ein absoluter Superstar entpuppen würde, der mich auch noch super fand und richtig liebte. Das wäre so großartig.

Drei Jungs, die gerne der Gorilla sein dürfen:

1. Orlando Bloom
2. Mario Götze
3. Robert Pattinson

Auch wenn ich mir fast sicher war, dass Orlando Bloom heute Abend anderes zu tun gehabt hatte, als in einem Affenkostüm bei uns Halloween zu feiern, malte ich mir unseren gemeinsamen Auftritt in der Schule bis ins kleinste Detail aus. Was würden die Weiber vor Neid erblassen! Beim Gedanken daran, einen Filmstar an meiner Seite zu haben, bekam ich totales Herzrasen. Ich stand auf und drehte den Sessel um, sodass ich direkt vor meinem Spiegel saß. Dann interviewte ich mich und meinen Freund: Orlando Bloom.

„Wo haben Sie die bezaubernde Hannah kennengelernt, Orlando?“, fragte ich als Klatschreporterin.

„Witzige Geschichte. Gut dass Sie fragen. Also, ich war als Gorilla verkleidet auf einer Halloweenparty. Meine Süße hier ging als Darth Vader!“

Kicher. Kicher.

„Als Darth Vader, tolle Geschichte, Orlando. Erzählen Sie weiter.“

„Nun, ich kann nur sagen: Es war Liebe auf den ersten Blick, als ich sie im Kostüm im Klofenster feststecken sah.“

So ging das noch ewig weiter. Immer wieder fielen mir neue Fragen ein, die ich mir und Orlando stellte. Es war toll.

Nach dem stundenlangen Interview lag ich noch fast die ganze Nacht wach, grinste und träumte meine Superstarliebt-mich-Träume. Und die Sache mit dem Zimmer kam mir auf einmal nur noch halb so wild vor. Was ich meiner Mutter aber nicht aufs Brot schmieren wollte. Wenn Mütter ein schlechtes Gewissen haben, ist das ein großer Vorteil, den man pflegen muss. Da lassen die einem eher mal was durchgehen oder es gibt Geschenke.

Als ich aufwachte, war es bereits nach zwölf Uhr mittags und die Sonne schien. Ich setzte mich auf und streichelte meine Katze, bis ich mich fit genug fühlte, meine Familie und die anderen einigermaßen und ohne auszuflippen zu ertragen. Es war zwar schon Mittag, aber wer ein echter Morgenmuffel ist, der kann den Morgen bis zum Abendessen ausdehnen.

Als ich in die Küche kam, fuchtelten meine Mutter und Hannes an einer großen Kaffeemaschine rum. Offensichtlich hatte Hannes die mitgebracht und offensichtlich kriegte er sie nun nicht mehr in Gang.

„Und?", fragte Mutter.

„Nix. Die geht nicht an", antwortete Hannes.

„Vielleicht wenn wir hier draufdrücken?" Mutter zeigte auf den AN-AUS-Schalter.

„Wieso sollte die Maschine funktionieren, wenn man sie ausschaltet?"

„Keine Ahnung. Aber an geht sie auf AN ja auch nicht."

„Ja, aber auf AUS kann sie ja auf keinen Fall angehen."

„Hm. Dann weiß ich auch nicht." Mutter, leidenschaftliche Teetrinkerin, hatte die Lust am Kaffeemaschinendrama verloren.

Hannes drückte weiterhin wahllos auf den Knöpfen rum. Nichts geschah. „Wahrscheinlich kaputt." Hannes, der Kaffee liebte, schaute traurig.

„Steckt denn der Stecker in der Dose?", fragte meine Mutter und Hannes verdrehte genervt die Augen. Ich dachte kurz darüber nach, ob ich den beiden sagen sollte, dass der Stecker zwar ordnungsgemäß in der Mehrfachsteckdose steckte, die Mehrfachsteckdose aber ausgeschaltet war. Ich entschied mich dagegen und schmierte mir ein Brot mit Nutella, setzte mich an den Tisch und futterte es schweigend.

Mutter und Hannes lächelten mich an.

„Guten Morgen", sagten sie gleichzeitig.

„Morgen", grummelte ich zurück.

„Wir fahren gleich in die Stadt. Einkaufen. Willst du mitkommen?"

„Nä."

„Ich will aber mitkommen!", schrie mein kleiner Bruder Jakob, der mit seinen Spielzeugautos unter dem Küchentisch Massenkarambolage spielte.

„And you will come with us", beruhigte ihn Mutter, bevor sie weiter versuchte, mich ins Boot zu locken. „Wir gehen auch in die Buchhandlung. Das ist doch was für uns beide, nicht wahr? Wir zwei lesen doch so gerne“, behauptete sie strahlend, obwohl das eine glatte Lüge war. Ich las gerne. Das stimmte. Aber meine Mutter? Die las eigentlich nie. Sie schleppte zwar brav und seit Urzeiten jeden Samstag Bücher ins Haus, die verstaubten dann aber alle ungelesen im Regal. Trotzdem war es ihr ungeheuer wichtig, Bücher zu haben und welche mit großem Gehampel und Schlaumeierei in der Buchhandlung auszusuchen. Man musste einfach die Bude mit Büchern vollstehen haben. Damit man so tun konnte, als ob man was auf dem Kasten hätte. Und um Leute einzuschüchtern, die aus einer bucharmen Welt kamen. Wie Lores Familie. Die besaßen echt nur wenige Bücher. Lore hatte ein Regalbrett voll und ansonsten gab es nur ein paar alte zerknitterte Kinderbücher, die von Kind zu Kind weitergereicht, geliebt und vollgesabbert wurden. Aber die wurden wenigstens gelesen.

„Ich habe keine Lust, in die Stadt zu gehen. Ich bleibe lieber zu Hause und versuche, mich an das Winzzimmer zu gewöhnen.“

Ich guckte so traurig aus meiner Wäsche wie nur möglich. Mutter sah mich mitleidig an und auch Hannes unterbrach seine Kaffeemaschinenarbeit und guckte zu mir rüber. Zumindest kurz. Ihm war es wirklich unangenehm, dass ich wegen seiner Tochter mein Zimmer aufgeben musste. Er vermied Augenkontakt, stand unbeholfen da und wusste nicht, was er mir sagen sollte. Schwer seufzend drehte ich mich um und schlurfte mit gesenktem Kopf ins Bad. Ich wusch mich, putzte mir die Zähne, und dann fiel mir ein, wie ich es Jette heimzahlen konnte. Ich schnappte mir ihre Zahnpasta und drückte fast die Hälfte raus. Dann leerte ich ihr Döschen mit der Gesichtscreme und ersetzte die Creme mit der Zahnpasta. Ich kicherte wie eine Irre und machte weiter. Ihre Haarpflegespülung kippte ich ins Klo und füllte stattdessen Bodylotion in die Plastikflasche. „Mit mir legst du dich kein zweites Mal an", murmelte ich und verließ zufrieden das Bad.

Erst als ich meine Zimmertür hinter mir schloss, rief ich Lore an.

„Ja bitte?" Lore klang müde. Anscheinend hatte ich sie geweckt.

„Oh. Schläfst du noch?", fragte ich vorsichtig.

„Wohl kaum. Ich telefoniere ja mit dir."

„Auch wieder wahr. Hör mal, ich brauche deine Hilfe."

„Schieß los", sagte sie und gähnte.

„Ich muss wissen, wer der Gorilla war!"

„Tja … hm", machte sie und dann kam nichts mehr. Lore dachte nach. Hoffte ich zumindest. Nicht dass sie wieder eingepennt war. Lore war Weltmeisterin im Schlafen. Die konnte wirklich überall ratzen. In der Schule, im Kino und einmal sogar, während ich sie auf dem Gepäckträger meines Fahrrads nach Hause fuhr.

„Hallo? Bist du noch da?“, fragte ich.

„Ja. Mir fällt nur nichts ein. Hast du denn nicht wenigstens eine Ahnung, wer das gewesen sein könnte?“

„Nee. Das ist es ja. Ich hab keinen Schimmer.“

„Hm. Lass mich mal nachdenken.“

Wir dachten beide nach. Meine Gedanken drehten sich im Kreis. Was sollte mir auch einfallen? Ich hatte keine Ahnung, und wenn man absolut keine Ahnung hat, dann nutzt Nachdenken gar nix.

„Ich könnte Thomas fragen, ob er weiß, wer der Typ war“, schlug Lore vor.

„Ja, das ist eine gute Idee.“

„Okay“, rief Lore, „ich steh jetzt mal auf, ruf Thomas an und frag ihn.“

„Und dann rufst du sofort mich an!“

„Und dann rufe ich sofort dich an!“, versprach sie. „Tschö.“

„Tschö. Aber ruf mich sofort an.“

„Versprochen. Tschö.“ Lore drückte das Gespräch weg und ich setzte mich aufs Bett und starrte auf mein Handy. Irgendwie glaubte ich nicht daran, dass Thomas wusste, wer der Gorilla-Typ war. Der hatte schließlich während der Party die ganze Zeit geschuftet. Ich brauchte einen Plan B.

Ein Zeichen. So wie bei einem Blind Date. Wenn sich Leute zu einem Blind Date verabreden, dann vereinbaren sie immer ein Zeichen, damit sie nicht aus Versehen eine falsche

Person anhimmeln. Das könnte ja total peinlich werden oder sogar gefährlich, falls ein Typ zum Beispiel irrtümlich eine Frau anbaggert, die verheiratet ist. Mit einem Berufsboxer. So was kann man nicht gebrauchen. Ein beliebtes Zeichen unter Partnersuchenden sind Blumen. Vor allem Rosen.

blind Date

Hast du dich auf ein Blind Date eingelassen, achte darauf, dass du dich mit ihm auf ein Erkennungszeichen einigst. Beliebt sind Blumen. Beispielsweise Rosen. Im Grunde ist es aber egal, welches Zeichen ihr euch aussucht. Hauptsache es ist eindeutig und taucht dort, wo ihr euch trefft, nicht zu häufig auf. Eine Situation wie diese solltest du vermeiden: „Wir treffen uns um 17 Uhr im Café. Du erkennst mich daran, dass ich Schuhe trage!“

Gewächse, die sich nicht als Erkennungszeichen bei einem Blind Date eignen:

1. Schimmelpilze
2. Ein Ballen Heu
3. Yuccapalmen

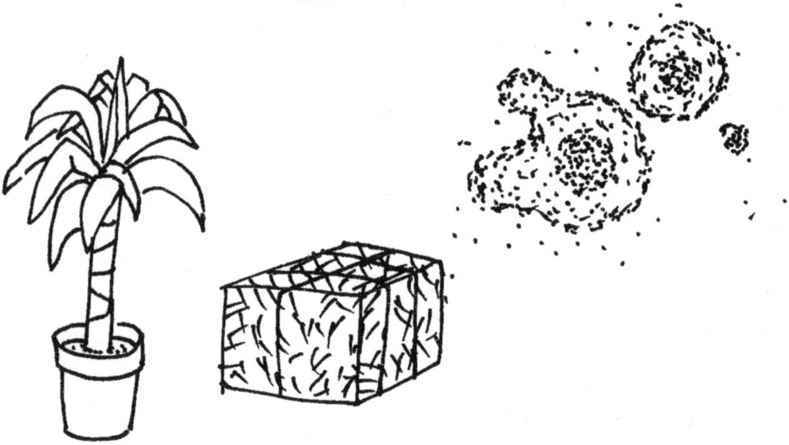

Ich brauchte auch so was. Ein Zeichen, das so deutlich war, dass der Affe das Zeichen verstand, obwohl wir uns auf gar keines verständigt hatten. Eine Banane zum Beispiel. Oder ein Star-Wars-T-Shirt oder ein Buch über Gorillas. Oder alles zusammen!

Sofort schnellte ich von meinem Bett hoch und schrieb einen Einkaufszettel für meine Mutter.

- Bananen (Jede Menge, ich brauche Kalzium)
- Ein Buch über Gorillas
  (Möglichst groß, damit es auch von Weitem
  zu erkennen ist. Ich brauche es für Bio!)
- Ein, zwei T-Shirts mit Star-Wars-Motiven
  (Star Wars tröstet mich eventuell
  über mein Zimmer hinweg ...)

Mit der Liste in der Hand stürmte ich die Treppen runter und erwischte meine Mutter gerade noch an der Haustür.

„Warte!“, rief ich. Mutter blieb stehen.

„Ich brauch die Sachen hier!“, sagte ich und drückte ihr den Zettel in die Hand. Mutter las ihn und konnte ihre Verwunderung kaum verbergen.

„Brauch ich wirklich ganz dringend“, sagte ich.

Hannes fuhr das Auto aus der Garage und hupte kurz. Jette saß neben ihm.

„Gut. Ich sehe, was sich machen lässt“, sagte meine Mutter und verließ das Haus. Ich sah ihnen noch hinterher, ging in die Küche und schaltete die Mehrfachsteckdose und die Kaffeemaschine ein. Hannes würde an eine Wunderheilung glauben.

Den darauffolgenden Sonntag verbrachte ich damit, mein Zimmer aufzumöbeln. Ich stellte das Bett um, verschob den Schrank ein bisschen und strich die Wände. Die Farben dazu, allesamt Reste von diversen Renovierungen, fand ich im Keller. Eine halbe Dose Dunkelgelb, eine halbe Dose Rot und eine Dose Giftgrün. Gegen Mittag war ich mit der Pinselei fertig und mein Zimmer sah aus wie das Hauptquartier der anonymen Farbenblinden. Ansonsten verlief der Sonntag weniger farbenfroh, sondern eindeutig grau. Lore musste zu ihrer Oma und so blieb ich den Rest des Tages alleine in meinem bunten Zimmer, hörte Musik, blätterte durch Zeitschriften und wartete darauf, dass es endlich Montag wurde. Thomas hatte leider keine Ahnung, wer der Gorilla war, versprach aber, sich umzuhören. Natürlich reichte mir das nicht. In der Schule sollte Plan B greifen: Bananen futternd würde ich im Unterricht und in der Pause in meinem Gorillabuch blättern und dabei ein Star-Wars-T-Shirt mit einem Darth-Vader-Aufdruck tragen. Wenn das keine klaren Zeichen waren, wusste ich auch nicht weiter. Sollte der Gorilla bei uns zur Schule gehen und mich sehen, musste es bei ihm klingeln. Wenn er das nicht kapierte, war ihm eh nicht mehr zu helfen. Und auf Dummköpfe konnte ich verzichten. Ehrlich gesagt war ich mir aber sicher, dass der Gorilla schlau war. Er hatte schließlich Humor. Und zwar keinen dumpfen Pippi-Kacka-Jungs-Gröl-Humor wie Sven und seine Kumpels.

Gegen Abend schneite David bei mir rein. Er wollte mein frisch gestrichenes Zimmer begutachten. David sah ziemlich cool aus. Er trug zerrissene Jeans und ein weißes Hemd, das ihm locker über der Hose hing. Schuhe oder Socken trug er keine.

Er sah sich um und grinste.

„Was für Farben."

„Andere hab ich nicht gefunden", antwortete ich etwas patzig, weil ich annahm, er wollte sich gleich über mich lustig machen.

„Verstehe." Er nickte anerkennend. „Mir gefällt es."

„Echt?", fragte ich lauernd.

Er grinste breit und die weißen Zähne funkelten mit seinen blauen Augen um die Wette.

„Echt! Ich finde es gut. Es ist dein Zimmer und es passt zu dir."

Was sollte das denn schon wieder heißen?, dachte ich, sagte aber trotzdem Danke.

„Hier, ich hab was für dich." David drückte mir eine CD in die Hand.

Ich nahm sie in Augenschein. Es war eine selbst gebrannte. Mit Edding stand „Fröhliche Pessimisten" drauf und „Alles wird Scheiße. Gut so".

„Fröhliche Pessimisten? Kenne ich nicht."

„Das ist meine neue Band", verkündete David stolz. „Hör mal rein und sag mir, was du davon hältst, okay?"

„Oh ja. Natürlich. Klar. Mache ich doch gerne. Ist mir 'ne Ehre. Super. Da bin ich aber mal gespannt." Beruhige dich, Hannah, ermahnte ich mich, auch wenn ich mir ein Loch in den Bauch freute, dass der coole David mich ausgesucht hatte, um seine Musik zu hören. Und das vielleicht sogar als Erste? Dass er tatsächlich Wert auf meine Meinung legte, war ein tolles Gefühl.

„Ja. Super. Ist echter handgemachter Rock und nicht so eine Plastikpopscheiße. Ich muss dann mal los. Ich hab Probe."

Er tippte sich als Gruß kurz mit einem Finger an die Stirn und drehte sich um.

„Okay. Viel Spaß", sagte ich und stieß mir als Gruß mit dem Finger fast ins Auge. Autsch. Gut, dass David da schon halb draußen war.

Ich spielte noch ein bisschen mit der CD rum und begann mich zu fürchten. Was wäre, wenn die Musik total schrecklich war? Die Band blöd? Was sollte ich ihm dann sagen? Die Wahrheit? Wohl kaum. Oder doch? Ich legte die CD vorsichtig neben meine Anlage und las in Lores Hamsterbuch. Ich erfuhr, welch große Verantwortung man mit einem neuen Haustier übernahm, und stellte fest, dass es zwischen Hamstern und Jungs doch jede Menge Parallelen gab.

bist du bereit für einen Jungen?

Eine Beziehung besteht, wie fast alles im Leben, aus Geben und Nehmen. Eine Beziehung will gepflegt werden. Wenn es dir schwerfällt, Rücksicht auf die Bedürfnisse anderer zu nehmen, bist du vielleicht noch nicht so weit. Eine Beziehung macht Mühe und bedeutet auch Verzicht. Dein Freund wird einiges einfordern, vor allem Zeit. Er will dich sehen. Regelmäßig. Und mit Sicherheit auch oft alleine. Das bedeutet, dass du weniger Zeit für andere Sachen wie zum Beispiel deine Freunde und Freundinnen hast. Das ist normalerweise kein Problem, denn wenn du einen Freund hast, willst du auch Zeit mit ihm verbringen. Trotzdem sollte dir klar sein, dass eine Beziehung nur funktioniert, wenn beide mit ihren Wünschen zum Zuge kommen.

Teste dich: Wenn du die folgenden Fragen alle mit Ja beantworten kannst, bist du wirklich bereit für einen festen Freund:

- ◯ Bist du bereit dazu, deine Freizeit mit einem Jungen zu verbringen? Deine Freundinnen und deine Hobbys könnten darunter leiden.
- ◯ Bist du bereit dazu, seine Kumpels zu ertragen? (Das kann die Hölle werden. Es gibt schon einige Svens und Justins da draußen.)

◯ Bist du bereit dazu, ihm seine Grenzen aufzuzeigen und deine zu verteidigen? Du darfst dich nicht verbiegen lassen. Wenn du auf Rosa und auf Ponys stehst, aber wegen deines Freundes auf einmal wie eine Punkerin mit Irokesenfrisur rumläufst, verlierst du dich.

◯ Bist du bereit, ihn deinen Eltern vorzustellen? (Und bereit für all die peinlichen Situationen, in die deine Eltern dich bringen könnten?)

Ich konnte alle Fragen mit Ja beantworten.

Am Montag wachte ich so früh auf wie seit Jahrhunderten nicht mehr. Das letzte Mal, dass ich vor fünf Uhr wach im Bett lag und nicht mehr einschlafen konnte, dürfte gewesen sein, als ich noch ein Baby war und mein Fläschchen wollte. Ich lag da mit klopfendem Herzen, schwitzigen Fingern und starrte in die Dunkelheit. Ich versuchte, die Konturen meines Zimmers auszumachen, und wartete aufgekratzt darauf, endlich aufstehen und zur Schule gehen zu können. Was im Grunde ja eine Sensation war. Ich hatte Schmetterlinge im Bauch und vier aufgescheuchte Schwärme Bienen im Kopf. Als es endlich hell wurde, war ich längst angezogen, hatte meinen Rucksack mit Bananen und Gorillabuch gefüllt und trug bereits das Star-Wars-T-Shirt. Viel zu früh schlich ich aus dem Haus. Ich verzichtete auf das Frühstück, mein Rucksack war ja mit Bananen gefüllt, und fuhr so schnell wie möglich zur Schule. Dort kam ich eine ganze Stunde vor Unterrichtsbeginn an. Es war noch gar nichts los. Der Schulhof war menschenleer. Es war still und friedlich. Ich setzte mich auf die Bank direkt neben dem Haupteingang und zog meine Jacke aus. Sofort spürte ich, dass die Idee mit dem T-Shirt einen Haken hatte. Es war einfach viel zu kalt, um im T-Shirt draußen rumzusitzen.

Egal, da musst du jetzt durch, Hannah Eislage, feuerte ich mich an und nahm mir fest vor, auf der Bank auszuharren, bis alle Schüler im Schulgebäude waren. Und zwar Bananen futternd, im Gorillabuch blätternd und im Star-Wars-T-Shirt bibbernd. So musste man mich bemerken. So musste *er* mich bemerken.

Eine halbe Stunde vor Beginn des Unterrichts trudelten die ersten Lehrer ein. Manche gingen grußlos an mir vorbei, andere sagten „Hallo!“ und manche wollten von mir wissen, ob ich nicht friere.

„Nee, geht schon. Ich bin nicht so empfindlich“, antwortete ich dann mit bebenden Lippen.

Eine Viertelstunde später war der Schulhof gut gefüllt. Auch Jette war da. Sie stand bei all den anderen angesagten Mädchen. Sie lachte. Offensichtlich hatte sie sich heute Morgen noch keine Körperlotion in die Haare und Zahnpasta ins Gesicht geschmiert. Was mir ganz recht war. Einerseits, weil Vorschadenfreude die schönste Freude ist, und andererseits, weil es mir heute logischerweise nicht in den Kram gepasst hätte, von ihr angebrüllt zu werden.

Trauben aus Schülern hatten sich gebildet und es gab nur ein Thema: die Halloweenparty und seine Nebenwirkungen.

„Der Sven war so voll. Der hat den halben Abend gereihert.“

„Nee, nä.“

„Und da war er nicht der Einzige.“

„Weißt du, mit wem Celine rumgemacht hat? Das errätst du nie!“

„Sag!“

Am liebsten hätte ich mich irgendwo dazugestellt und mitgequatscht. Wie großartig die Party gewesen war und dass ich einen mysteriösen Jungen kennengelernt hatte, aber nicht wusste, wer er war. Und dass ich den jetzt unbedingt wiederfinden wollte. Im Grunde war das doch eine superromantische Geschichte. Ein bisschen wie Aschenputtel. Nur umgekehrt und mit einem Affenkostüm statt mit einem schicken Schühchen. Blöd nur, dass die Geschichte aus meinem Mund keiner hören wollte. Wenn Jette das passiert wäre, würden die Mädels sich jetzt um sie scharen, als gäbe es Lippenstifte zum halben Preis. Sie würden jauchzen, weil sie so ergriffen waren, und kichern und vor allem mitfiebern. Aber statt Zuspruch und Anteilnahme bekam ich kalte Füße. Und zwar buchstäblich. Ich fror, aß aber weiter brav eine Banane nach der anderen, blätterte im Gorillabuch und kam mir auf einmal so unfassbar dämlich und lächerlich vor. Was zum Teufel machte ich hier? Ich machte mich zum Affen, um einen Affen zu finden. Wie dumm war das? Denn selbst wenn er mich erkennen sollte, wer sagte denn, dass er mich auch ansprechen würde? Viel wahrscheinlich war es, dass er die Flucht ergriff.

Gerade als ich mein Buch einpacken wollte, flog es mir aus der Hand. Sven, die humorbefreite Luftpumpe, hatte sich unbemerkt an mich rangeschlichen und unter mein Buch gehauen. Justin grölte, während Marvin mich anstarrte, als käme ich vom Mars.

„Hey! Lass das, du Idiot!“, fauchte ich Sven an.

Sven rieb sich die Augen. „Heul doch, kleines Baby, heul doch.“

„Pass auf, dass du nicht gleich heulst“, drohte ich und stand auf.

„Uuuh! Jetzt hab ich aber Angst! Komm doch her, wenn du was willst!“, rief Sven und tänzelte hin und her wie ein Boxer.

„Ist gut. Lass uns reingehen“, schaltete sich Marvin ein und schob Sven Richtung Eingang.

„Wir sprechen uns noch!“, schrie Sven, bevor er in der Schule verschwand.

„Von mir aus gerne. Jederzeit!“, brüllte ich zurück, hob mein Buch auf, packte es ein und schnappte mir meine Jacke. In diesem Moment tauchte Lore auf. Sie lachte.

„Hey, lass dich doch nicht von dem Idioten ärgern.“

Ich setzte mich wieder.

„Hast ja Recht.“

„Schönes T-Shirt.“ Lore grinste.

„Ja, ich weiß, das Ding gefällt mir auch nicht, ich wollte …“

„Kann ich mir denken. Den Gorilla aufspüren. Rutsch

mal ein Stück."

Lore quetschte sich neben mich, während ich mir die Jacke überzog.

„Und? Hattest du Erfolg bei deiner Suche?", fragte sie.

„Nee."

„Immer noch keinen Schimmer?"

„Nee. Gar keinen."

Lore streckte ihre Beine aus und starrte in den Himmel.

„Hm. Wie wäre es, wenn wir es mit dem Ausschlussverfahren probieren?"

„Was meinst du?"

„Na, wenn wir mal davon ausgehen, dass der Affe von unserer Schule kommt, was nicht sein muss, aber doch sehr wahrscheinlich ist, dann können wir den Kandidatenkreis einengen. Wir streichen einfach alle von der Liste, die es definitiv nicht sein können."

Da Lore oft so durchgeknallt war, vergaß ich ab und zu, wie viel sie in ihrem hübschen Köpfchen hatte. Lore war schlau. Eine richtig gute Schülerin.

„Gut", sagte ich. „In Mathe schreib ich eine Liste mit allen Jungs, die groß genug sind, um ins Gorillakostüm zu passen, und die ich nicht in einem anderen Kostüm gesehen habe!"

„Und ich helf dir dabei."

„Super."

Es tat gut, Lore an meiner Seite zu wissen.

Als die zweite Doppelstunde Mathe anfing, hatten wir schon alle kleinen und zu großen Jungs aussortiert.

„Okay. Was ist mit Benny?“, flüsterte ich Lore zu. „Der wäre groß genug und außerdem hab ich ihn nicht gesehen.“

„Den aus der 9b?“

„Ja.“

„Der war ein Vampir.“

Ich strich Benny von der Liste.

„Schade eigentlich.“

„Ja“, stimmte Lore mir zu. „Der ist ganz süß.“

„Hm. Dann bleiben fast nur die Schrecklichen übrig.“

„Wie zum Beispiel?“, fragte Lore.

„Sven und Justin.“

Lore und ich verzogen gleichzeitig das Gesicht.

„Ich kann dich beruhigen“, flüsterte Lore. „Sven war wirklich den ganzen Abend draußen. Und Justin war als Skelett verkleidet. Den hab ich gesehen.“

Ich strich die beiden mit dem allergrößten Vergnügen.

„Und was ist mit Marvin?“, fragte ich.

Lore dachte nach und ich sah kurz zu Marvin rüber, der neben Sven saß und irgendwas mit seinem teuren Füller von der Tafel abschrieb.

„Den hab ich nicht gesehen“, stellte Lore fest. „Ich glaube aber nicht, dass das Marvin war. Er wird sicherlich mit seinen beiden idiotischen Kumpels draußen abgehangen haben.“

„Meinst du?“

Lore nickte und ich strich Marvin von meiner Liste. Nun standen nur noch vier Namen auf meinem Zettel. Alex, Jost, Hikmet und Angelo. Allesamt Schüler aus der neunten oder zehnten Klasse, die ins Kostüm passten und von uns nicht in einem anderen gesehen wurden.

Lore sah sich die verbliebenen Namen an. „Tja, keine tolle Auswahl.“ Sie grübelte ein Weilchen, dann richtete sie sich plötzlich in ihrem Stuhl auf und kicherte albern. „Mir ist gerade was eingefallen. Könnte in dem Kostüm nicht auch David gewesen sein? Dein Bruder?“

„Das ist nicht mein Bruder!“

„Na Gott sei Dank!“ Lore grinste mich an.

„Ach Quatsch, das glaube ich nicht. Dem wäre die Party sicherlich zu uncool gewesen. Und außerdem hat David keine Freunde hier auf der Schule. Und der Gorilla hatte welche. Definitiv.“

„Aber der Hammer wäre das schon, oder? Ich meine, David ist doch echt süß.“

„Ja, ich meine … nein!“

Lore kriegte sich gar nicht mehr ein, während ich innerlich zerbröselte. Klar war David ein Traumtyp. Er sah super aus, spielte in einer Band, deren CD ich mich nicht anzuhören traute, und nett war er auch noch. Aber trotzdem: Selbst wenn er der Affe gewesen wäre – ich wollte David nicht zum

Freund. Never ever! Nicht mal, weil es sich irgendwie so anfühlte, als wären wir verwandt, sondern weil ich ihn zwar bewunderte, aber kein bisschen in ihn verknallt war. Er war nur ein cooler Typ, den ich mochte.

„Ach, du schämst dich bloß!“, behauptete Lore laut, und zwar so laut, dass Frau Vogel, unsere Mathelehrerin, aufsah.

„Frau Ley, schön, von Ihnen zu hören. Noch schöner wäre es, wenn Sie mir diese binomische Formel ausmultiplizieren könnten“, sagte sie spöttisch.

Frau Vogel klopfte mit ihren knöchrigen Fingern auf die Tafel, direkt unter eine Formel, die für mich so verständlich war wie Kisuaheli.

„Multiplizieren Sie die Formel: $(x - 4)(y - 5x + 3)$ aus und vereinfachen Sie sie so weit wie möglich.“

Unsere Mathelehrerin drehte sich um und sah Lore auffordernd an. „Bitte, Frau Ley. Legen Sie los.“

„Okay.“ Lore sah sich die Formel an. Die ganze Klasse hatte sich zu ihr umgedreht und grinste frech.

„Also … $(x - 4)(y - 5x + 3) = xy - 5x$ hoch $2 + 3x - 4y + 20x - 12 = xy - 5x$ hoch $2 + 23x - 4y - 12$.“

„Äh. Ja. Das stimmt. Sehr gut“, stammelte Frau Vogel irritiert.

Lore winkte ab. „Nix Wildes. Ich hab nebenbei ein bisschen zugehört.“

Und während der Unterricht weiterlief, sah ich Lore bewundernd an. Es war echt toll, ein Genie zur besten Freundin zu haben.

In den letzten beiden Stunden hatten wir Sport. Fußball! Was ich klasse fand, da ich Fußball liebte und auch sehr gut spielen konnte. Am Anfang machten wir ein paar Übungen. Dribbeln und Passen. Dann wurden zwei Mannschaften gewählt und wir spielten gegeneinander. Lore blieb wie die meisten anderen Mädels auf der Bank sitzen und sah zu. Ich schoss vier Tore und unser Team gewann das Match sieben zu fünf. Das ärgerte besonders Sven, weil er der Torwart der anderen Mannschaft gewesen war. Und von einem Mädchen vier Tore eingeschenkt zu bekommen, machte ihn echt sauer. Vor allem weil ich ihm zweimal den Ball durch die Beine ins Tor gespitzelt hatte. Nach dem Match meckerte er in einer Tour rum und behauptete, mindestens zwei Tore seien Abseits und die anderen beiden pures Glück gewesen. Ich grinste nur. Was Sport anging, machte mir so leicht keiner was vor. Vorausgesetzt natürlich, dass man für die Sportart kein Riese sein musste.

Drei Dinge, bei denen Jungs äußerst ungern gegen Mädchen verlieren:

1. Fußball
2. Armdrücken
3. Wettrülpsen

Nach dem Unterricht kam ich wie immer als eine der Letzten aus der Umkleidekabine, was daran lag, dass ich grundsätzlich erst dann duschte, wenn alle anderen Mädchen wieder abgetrocknet und angezogen waren. Draußen vor der Sporthalle, die einige Hundert Meter von unserer Schule entfernt lag, wartete Marvin auf mich. Ich sah mich um. Sven und Justin waren scheinbar schon weg.

Marvin kam auf mich zu. Er knetete seine Hände und wusste nicht, wo er hinschauen sollte. Er blieb vor mir stehen und ich ging an ihm vorbei. Ich hatte keinen Schimmer, was der von mir wollen könnte. Doch da hielt er mich an meiner Jacke fest.

„Hey!“, blaffte ich ihn an.

„Entschuldigung“, sagte er schnell und ließ meinen Ärmel los. „Ich muss mit dir reden.“

Ich ging weiter. „Was gibt es? Wurdest du geschickt, um mich mal wieder ein bisschen zu beleidigen? Sollst du Sven, den schlechtesten Torwart der Welt, rächen?“

Marvin lief einen halben Meter hinter mir her.

„Was? Nein. Gar nicht. Ich …“

Ich blieb stehen und sah ihn abfällig an. „Was willst du dann?“

Er sah auf den Boden und scharrte mit seinen sauteuren Sneakern im Dreck rum.

„Ich …“ Er atmete heftig aus und wieder tief ein. „Mann, ist das schwer.“

„Was ist schwer? Komm mal zu Potte. Ich hab's eilig.“

Er verdrehte die Augen.

„Ich … ich war der Gorilla.“

Mein Herz machte einen Satz und ich glaube, danach war es nicht mehr an derselben Stelle wie vorher. Mein Magen fühlte sich eisig an. In meinem Kopf rauschte es. Das konnte doch nicht wahr sein!

„Was?!“, brachte ich bloß hervor.

Marvin war der Affe? Warum ausgerechnet Marvin?

Also eigentlich war Marvin schon ganz hübsch. Er war nicht zu groß für mich, war sportlich und hatte tolle dunkelbraune Augen. Wenn ich es mir recht überlege, fand ich Marvin sogar sehr hübsch, aber irgendwie fehlte ihm trotzdem was zum Traumprinzen. Vielleicht lag es daran, dass er statt eines prächtigen Pferdes nur zwei Esel hatte. Und mit denen hing er nicht nur rum, er ging mir mit den beiden auch noch ständig auf die Nerven. Da wäre es mir doch lieber gewesen, ich hätte den Affen nie gefunden. Dann hätte ich wenigstens von meinem neuen perfekten, geheimnisvollen Freund weiterträumen können!

„Doch. Ich war das. Muss ich erst die Sturmtruppen rufen, du weißt schon, diese weißen Soldaten, damit du mir glaubst?" Marvin versuchte zu lächeln. Es misslang. Er war viel zu nervös.

Hektisch sah er sich um.

„Ich weiß, das ist für uns beide ein bisschen blöd …", stammelte er, „weil wir uns bis jetzt irgendwie immer nur gestritten haben, aber …"

„Wir uns? Wann hab ich denn mal einen Streit angefangen?"

„Gut, stimmt. Aber ich habe auch nie einen angefangen. Das waren immer Sven oder Justin."

Da war was dran. Marvin hatte wirklich immer nur dabeigestanden, wenn Sven und Justin mich aufgezogen hatten. Aber er hatte sich auch nie heldenhaft auf meine Seite geschlagen. Und ein Mitläufer in einem Haufen von Idioten zu sein, war nun wirklich alles andere als eine Auszeichnung oder etwas, worauf man stolz sein konnte. Oder kann sich irgendein Mensch auf der Welt so ein Gespräch vorstellen:

Ich bin so stolz, dass mein Freund ein Mitläufer ohne eigene Meinung ist! – Ach, du hast es gut. Ich wünschte, mein Liebster würde auch nur mit aggressiven Idioten rumhängen!

Solange man noch alle Latten am Zaun hat, wohl kaum.

„Ich muss gehen. Ich friere."

Ich wollte nur noch nach Hause. Den Schreck verdauen. Die Trümmer meines Traumschlosses wegbaggern. Marvin Aap statt Orlando Bloom. Tolle Überraschung!

Marvin sah sich immer wieder um und mir kam es so vor, als wollte er unkostümiert nicht mit mir gesehen werden. Oder war das nur meine Wahnvorstellung, weil ich nicht daran gewöhnt war, dass sich ein Junge einem Troll wie mir freiwillig auf weniger als hundert Meter näherte?

„Hör mal", sagte er und rieb die Hände an seiner Designer-Jeans, „ich würde mich gerne mit dir treffen. Also … nur wir beide … dann …"

„Keine Sorge", fiel ich ihm ins Wort, „ich werde dich bei deinen idiotischen Freunden schon nicht verpetzen."

„Was meinst du?" Marvin sah mich erstaunt an.

„Ich werde ihnen nicht verraten, dass du mit einem Freak wie mir getanzt hast."

„Aber darum geht es doch gar nicht. Es geht … ach Mensch!" Er druckste noch ein bisschen rum, kam aber nicht auf den Punkt.

„Spuck's aus oder ich gehe. Ich friere hier sonst fest."

„Ich … ich mag dich", sagte er leise und überreichte mir einen Zettel, auf den er seine Handynummer geschrieben hatte. „Ruf mich bitte an, okay?", sagte er noch, dann lief er weg.

Ich stand wie angewurzelt auf dem Schulhof und war verwirrt. Es fing an zu nieseln. Er mochte mich. Behauptete er. Und wie eine groß angelegte Superverarsche, bei der ich mich zum Schluss zum Megagespött machen würde, hatte sein Gestammel nicht geklungen. Oder?

Hast du wirklich geglaubt, ich würde dich mögen? Dich kleinen freakigen Zwerg? Wie kann man nur so dumm sein! Niemand mag dich und niemand wird dich jemals mögen, hallte eine böse Stimme in meinem Kopf.

Nein. Ich war mir ziemlich sicher, dass er es ernst meinte. Aber was sollte ich jetzt machen? Ich musste mit Lore darüber sprechen. Allerdings konnte ich mir schon ziemlich genau vorstellen, was sie sagen würde: „Marvin Aap ist ein Arschloch!"

Ich war vollkommen durcheinander und wollte mich nur noch in meinen Sessel hauen, den besten Platz zum Nachdenken auf der ganzen Welt.

Nachdem ich mein Fahrrad aus dem Gebüsch gezogen hatte, sah ich, dass beide Reifen platt waren. Ich stöhnte, aber ärgerte mich nicht mal. Ich zuckte nur mit den Schultern, ließ das Rad im Gebüsch liegen und ging das kurze Stück zur Bushaltestelle. Keine fünf Minuten später kam die Linie 231, die mich bis kurz vor die Haustür bringen würde. Ich stieg ein, zeigte meine Monatskarte und ging durch den vollen Bus nach hinten. Dort warf ich mich in die letzte Reihe, direkt ans Fenster, und beobachtete die Regentropfen, die vom Fahrtwind angetrieben quer über die Scheibe sausten, als wären sie Sprinter in einem

Hundertmeterlauf. Zwei Haltestellen weiter entdeckte ich die beiden Idioten und Marvin, bei dem ich mir nicht mehr ganz so sicher war, ob er ein Idiot war. Sven und Justin feixten und schubsten sich gegenseitig in den Coffeeshop. Irgendwie erinnerten die mich an meinen letzten Zoobesuch, einem von meiner Mutter anberaumten Pflichttermin. Sie war der Meinung, die Familie müsse mehr zusammen unternehmen, um zusammenzuwachsen. Ich saß meine Zeit im Affenhaus ab und beobachtete zwei Schimpansen, die sich durchs Gehege jagten, schubsten und mit Kacke bewarfen, während Jakob und meine Mutter die Tiere im Streichelzoo verrückt machten.

Marvin schlurfte hinter Sven und Justin in den Laden. Schubste nicht mit. Er drehte sich um und ich rutschte den Sitz runter, damit er mich nicht entdeckte. Dann verschwand auch Marvin im Coffeeshop und der Bus fuhr weiter.

Als ich die Haustür öffnete, war meine Mutter anscheinend gerade auf dem Sprung. Sie stand im Flur und zog sich die Jacke an.

„Willst du was essen?“, fragte sie.

„Nee. Keinen Hunger“, antwortete ich und stiefelte an ihr vorbei die Treppen hoch.

„Wenn du Hunger kriegen solltest, es steht was im Kühlschrank.“

„Okay.“

„Musst du dir nur warm machen. Ich muss jetzt los.“

„Mach ich!“, rief ich und verschwand in meinem Zimmer.

Mit Marvins Zettel in der Hand setzte ich mich in meinen Sessel und dachte nach. Was ganz schön schwierig war, weil sich ständig mein Bauch einmischte. Ob ich ihn wirklich anrufen sollte? Aber was würde dann passieren? Was erwartete er von mir? Erwartete er überhaupt irgendwas? Und was wollte ich überhaupt? Wir passten doch gar nicht zusammen! Wir waren wie Feuer und Wasser. Er war hübsch, immer in Markenklamotten gekleidet und von dämlichen Freunden umgeben. Und ich? Ich war das Gegenteil. Eigentlich war doch alles klar. Wir konnten unmöglich zusammenpassen. Aber warum hörte mein Bauch nicht auf, verrückt zu spielen? Meine Gedanken machten Sprünge. Rannten durcheinander. Ich versuchte sie wieder einzusammeln und fing an zu schreiben.

Wie ähnlich sollte man sich sein?

Muss dein Freund so ticken wie du? Oder ziehen sich Gegensätze an? Ist es sinnvoll, nach einer Kopie seiner selbst zu suchen oder ist es besser, wenn man komplett anders ist als sein Freund? Kurze Antwort: Ich weiß es nicht.

Wenn man immer einer Meinung ist, immer alles gleich doof oder gleich supi findet, kann es ganz schön langweilig werden. Aber da man in einer Beziehung bekanntlich sehr viel Zeit miteinander verbringt, sollte man schon ein paar Dinge gemeinsam haben. Zum Beispiel denselben Humor. Denn warum sollte man Zeit mit jemandem verbringen, mit dem man sich nicht kringelig lachen kann? Ein paar gemeinsame Interessen sind auch wichtig. Liebt er Sport und will quasi ständig Fußball sehen oder spielen, du möchtest aber lieber kuscheln, Ballett gucken oder Topflappen häkeln, sind Unzufriedenheit und Ärger vorprogrammiert.

Was liebte Marvin? Außer mit seinen beiden Idioten durch die Gegend zu laufen und sich über andere Leute lustig zu machen? Mochte er Sport und Fußball so wie ich? Las er gerne? Ging er ins Kino oder sammelte er Briefmarken oder merkwürdige Haustiere? Ich wusste, dass ich nichts von ihm wusste. Ich hatte keine Ahnung, wer Marvin überhaupt war. Komisch war aber, dass ich es unbedingt herausfinden wollte!

Drei Dinge, die Marvin hassen sollte:

1. Unehrlichkeit
2. Fußpilz
3. Jette

Drei Dinge, die Marvin toll finden muss:

1. Lore
2. Meine Katze
3. Mich

Ich konnte nicht länger still dasitzen. Ich stand auf. Starrte mein Handy an. Minutenlang. Lief im Zimmer auf und ab. Immer wieder wollte ich seine Telefonnummer tippen. Immer wieder brach ich ab. Ich legte mir Sätze zurecht, schrieb sie teilweise sogar auf, damit ich nicht anfing zu stottern oder Quatsch zu erzählen. Dann wurde ich wieder misstrauisch. Was, wenn er sich doch nur über mich lustig gemacht hatte?

Ich beschloss, sicherheitshalber ganz cool zu bleiben, wenn er ans Telefon ging. So als würde mir das Ganze nichts bedeuten. Ich rieb mein Gesicht, schüttelte den Kopf, hüpfte auf der Stelle, atmete tief ein und tippte seine Nummer, zitternd vor Furcht, jetzt doch in eine Falle zu tappen. Es klingelte. Dann schoss mir ein anderer Gedanke durch den Kopf: Rief ich zu früh an? Sollte ich nicht besser noch etwas warten? Wirkte ich so nicht total bedürftig oder sogar verknallt? Ich drückte das Gespräch weg. Puh. Das war gerade noch mal gut gegangen. Ich atmete tief durch und versuchte, mich zu beruhigen. Bis mein Telefon klingelte. Die Nummer von Marvin erschien auf meinem Display. Ich blöde Kuh hatte vergessen, meine Rufnummer zu unterdrücken!

Mit dem klingelnden Handy in der Hand kreiste ich durch mein Zimmer wie ein ins Trudeln geratener Satellit. Was tun? Ignorieren? Dafür fehlte mir die Kraft. Also was dann? Ganz, ganz cool bleiben! Nur nicht blöd oder nervös rüberkommen. Ich nahm das Gespräch an.

„Heio?“, fragte ich. Heio? Was war das? Erst wollte ich „Hi“ sagen, aber während ich es sagte, dachte ich, „Hallo“ wäre besser. Das Ergebnis: Heio. Wie Heiopei. Wie Volltrottel. Wie absolut uncool. Wie ich.

„Hi, ich bin es, Marvin.“

„Ah, hallo, Marvin. Woher hast du meine Nummer?“ Oh Mann. Wenn das so weiterging, würde ich in etwa drei Minuten auf das geistige Niveau einer Kartoffel abgerutscht sein.

„Ich hab die hier im Handy. Du hattest eben angerufen, aber ich war nicht schnell genug.“

„Ach ja, stimmt. Hab ich total vergessen.“

Was ja kein Wunder war. Immerhin war mein Anruf fast zwei Minuten her.

„Und? Alles klar bei dir? Alles senkrecht?“, blubberte ich weiter schmerzhaften Unsinn ins Handy.

„Ja, eigentlich schon. Schön, dass du angerufen hast.“

„Ja. Ich dachte, hey, ruf ich doch mal den Marvin an. Schließlich hat er dir zweimal das Leben gerettet“, sagte ich und versuchte mich an einem lässigen Lachen, was mir aber gründlich misslang. Ich gluckerte wie ein Huhn. Hallo, Notarzt. Hallo, Fernsehsender der Welt! Kommen Sie bitte alle sofort in die Körnerstraße 68. Da telefoniert eine Irre ohne Hirn!

„Ich meine“, stotterte ich, „du hast mich ja nicht nur davor gerettet, zertrampelt zu werden, sondern mich auch noch aus dem Klofenster gezogen. Weißt du noch?“

„Natürlich. Wie könnte ich das vergessen!“

„Stimmt. Wann sieht man schon mal Darth Vader über einer Kloschüssel baumeln.“

Marvin lachte, was mein Herz nur noch schneller schlagen ließ, und als er zu Ende gelacht hatte, wurde es still. Mir fiel überhaupt nichts ein, was ich sagen oder ihn fragen könnte.

„Ja“, sagte Marvin noch, bevor auch er in Schweigen verfiel. „Und nun?“, fragte er nach einer Weile.

„Hm, keine Ahnung. Was meinst du?“, schlich ich um den heißen Brei herum.

„Tja …“ Marvin war genauso aufgeregt wie ich!

„Ich weiß nicht“, stammelte ich, „ist ja schon ein wenig seltsam das Ganze.“

„Da hast du Recht. Sehr seltsam."

Wieder lachten wir beide, ohne genau zu wissen, warum. Der Freak und der Schnösel. Das unmöglichste Traumpaar aller Zeiten.

„Was hältst du davon, wenn wir uns mal treffen? Nur wenn du willst, natürlich. Auf'n Kaffee oder so? Oder 'ne Pizza? Oder magst du vielleicht Filme? Ich weiß, jeder mag gute Filme. Kino oder so? Oder was du halt möchtest. Wir könnten aber auch nur Musik hören. Bei dir vielleicht? Oder eine DVD gucken?" Marvin ratterte hektisch seine Sätze runter, dass sie mir nur so um die Ohren flogen. Er war nervös und irgendwie wirklich süß.

„Warum nicht?", sagte ich so ruhig wie möglich, während ich auf der Stelle hüpfte wie ein Flummi.

„Super."

„Wann denn?"

Und wieder herrschte Stille. Am liebsten hätte ich gerufen: „Jetzt! Komm vorbei!" Aber ich hielt die Klappe. Marvin auch.

„Hm", sagte er.

„Hm", antwortete ich.

„Tja", sagte er dann.

„Tja", plapperte ich nach. Dann vergingen wieder Minuten, wenn nicht Stunden, ohne dass einer von uns beiden was sagte.

„Was hältst du von morgen?“, fragte Marvin dann.

Warum nicht heute? Warum nicht jetzt gleich?, dachte ich wieder und sagte: „Okay, wo?“

„Hm. Ich könnte bei dir vorbeikommen und dann schauen wir mal.“

„Gute Idee.“

„Also komme ich dann morgen bei dir vorbei.“

„Ja. Das wäre super.“

Meine Tür flog auf und Jette stand im Zimmer. Barbie war gerade dabei, sich für die Kens dieser Welt hübsch zu machen. Noch war sie es nicht. Sie trug einen rosa Bademantel, der so gar nicht zu ihrem knallroten Gesicht passte, und ihre Haare hingen ihr schlaff und fettig auf die Schultern.

„So gegen drei?“, fragte Marvin.

„Warst du das?“, zischte Jette wütend. Ich starrte Jette an und wedelte mit den Armen, um sie aus meinem Zimmer zu vertreiben. Aber Jette blieb.

„Ja. Um drei ist spitze. Ich muss jetzt Schluss machen. Hab Besuch. Bis morgen“, sagte ich schnell, legte auf und sah Jette an.

„Was willst du?“

„Du warst das, oder?“

„Nein, das war ich nicht. Ich habe deinen Bademantel nicht hässlich rosa gefärbt.“

„Ich rede nicht von meinem Bademantel! Ich rede von meinen Haaren!“

„Was soll mit denen sein?", fragte ich höflich. „Die sehen doch aus wie immer."

Jette schnaufte vor Wut.

„Irgendwer hat Creme in meine Spülung gemischt."

„Na wer macht denn so was?", fragte ich scheinheilig und versuchte, ernst zu gucken.

„Weißt du, wie lange ich brauche, um den Mist wieder aus meinen Haaren zu waschen?"

„Keine Ahnung", antwortete ich. „Versuch es doch mal mit Sand. Vielleicht geht es damit besser."

Jette kniff die Augen zusammen und machte auf dem Absatz kehrt. Sie schoss schnaubend aus meinem Zimmer und knallte die Tür hinter sich zu.

Ich setzte mich in meinen Sessel, nahm mein Handy und klickte mich durch bis zur Anrufliste. Hatte ich gerade wirklich mein allererstes richtiges Date ausgemacht? Ich konnte es kaum glauben. Aber Marvins Nummer prangte groß und deutlich auf meinem Display. Sofort speicherte ich sie ein und dachte darüber nach, ihn noch mal anzurufen. Ich versuchte angestrengt, mir einen Vorwand einfallen zu lassen. So was wie: „Hast du heute in Mathe mitgekriegt, was wir für Hausaufgaben aufhaben?" Oder: „Hast du zufällig mein Gehirn gesehen? Ich kann es nirgends finden."

vor dem ersten Date

Falls du es nicht aushalten kannst und einen Jungen noch vor dem ersten Date erneut anrufen willst, dann brauchst du eine glaubwürdige Begründung. Es ist absolut nicht ratsam, ihn jetzt schon durch zu viel Engagement einzuschüchtern. Dann könnte er nämlich auf die fatale Idee kommen, du wärst ein Klammeräffchen, und darauf stehen Jungs eher selten. Eigentlich eher nie. Außerdem glaube ich, dass es keine gute Idee ist, seinem Schwarm schon so früh zu zeigen, wie wichtig er für einen ist.

Drei erfundene Gründe, deinen Fastfreund anzurufen, die absolut nichts taugen:

1. Notfall: „Ich habe einen Herzinfarkt, komm und rette mich!"
2. Familienessen: „Meine Mutter hat einen Schweinebraten gemacht, vielleicht hast du ja Hunger?"
3. Verlorene Sachen: „Hast du zufällig meine Pickelcreme gesehen?"

Drei halbwegs plausible erfundene Gründe, um deinen Fastfreund noch mal anzubimmeln:

1. Terminschwierigkeiten: „Wir müssen unser Date um vier Minuten verschieben, ich muss vorher noch was erledigen."
2. Gedächtnisschwund: „Sorry, ich hab's vergessen: bei dir oder bei mir?"
3. Ortswechsel: „Wir müssen uns doch bei dir treffen. Mein Zimmer ist zu klein für zwei."

In meiner Hand lag mein Handy. Marvin stand in meinem Adressbuch. Wieder und wieder las ich seinen Namen: Marvin. Dann steckte ich das Handy weg und beschloss, mich zusammenzureißen und auf morgen Nachmittag zu warten. Gefühlt war das noch Jahre hin! Ich sah auf die Uhr. Um drei. Ich warf mich auf mein Bett und starrte die

Decke an. Stundenlang, dachte ich. Aber als ich das nächste Mal auf die Uhr schaute, war es neun Minuten nach drei. Die Zeit schlich dahin. Extralangsam. Extra für mich. Ich musste mich ablenken. Und eigentlich hätte ich auch Lore anrufen und ihr alles erzählen müssen. Schließlich war sie meine beste Freundin. Wir erzählten uns alles. Aber ich traute mich nicht. Lore konnte Marvin nicht ausstehen und ich fürchtete mich davor, dass sie versuchen könnte, ihn mir auszureden. Bestimmt würde sie behaupten, er würde mich nur anlügen. Ganz sicher. Und das aus gutem Grund.

Jungs lügen oft. Vor allem wenn Mädchen danebenstehen. Dann lügen sie eigentlich immer. Da wird zum Beispiel aus einem harmlosen Gerangel auf dem Fußballplatz mal schnell eine lebensgefährliche Schlägerei mit mindestens zwanzig Rockern, bei der sich die Jungs selbstredend absolut heldenhaft und extrem männlich verhalten haben. Ich will euch nicht die Illusionen rauben, aber Jungs erzählen unglaublich viel Quatsch, um Mädchen zu beeindrucken.

Wenn Jungs eine klitzekleine Platzwunde an der Stirn haben, behaupten sie zum Beispiel, ihnen wäre so etwas passiert: „Diese Verletzung habe ich von einem Motorradunfall. Ich war mit meinem Bruder auf der Autobahn mit hundertachtzig Sachen unterwegs, als so ein Riesenlastwagen auf einmal rüberzog und uns voll erwischte. Ich bin bestimmt fünfhundert Meter weit geflogen und dann gegen die Leitplanke geknallt. Ich war erst ohnmächtig, aber als ich aufwachte, dachte ich, mein Kopf explodiert. Ich hatte Höllenschmerzen und war total blutverschmiert. Dann habe ich die Schreie gehört und sofort gehandelt und den Fahrer aus seinem brennenden Lkw gerettet. Die Schmerzen waren schrecklich, aber ich habe mir nichts anmerken lassen. Die Polizei und die Sanitäter meinten, dass ich ein Held sei."

Die Wahrheit: Er ist über den Puppenwagen seiner kleinen Schwester gestolpert und hat die ganze Nacht geweint.

Aber das mit Marvin und mir war etwas anderes. Wir hatten ja noch gar nicht genug Zeit miteinander verbracht, als dass er mich hätte anlügen können. Und weder wollte ich

ihn mit fremden Gedanken im Kopf („Der ist ein Arsch!“) kennenlernen, noch wollte ich darüber nachdenken, ob ich einen Fehler machte. Aber Lore verprellen – das ging natürlich auch nicht. Eigentlich. Ich sah nach draußen. Warum wurde es nicht dunkel? Dauerte dieser Tag ewig? Aus lauter Verzweiflung machte ich Hausaufgaben und sortierte Klamotten aus, die ich seit Jahren nicht getragen hatte.

Am nächsten Morgen wachte ich in meinem Sessel auf. Irgendwann nachts war ich zwar ins Bett geklettert, aber an Schlaf war nicht zu denken gewesen. Mir spukte viel zu viel im Kopf herum. Also war ich wieder zurück in meinen Sessel gewankt, weil sich dort nun mal am besten nachdenken ließ. Über mich, Gorillas und Marvins. Irgendwann musste ich dann wohl doch eingeschlafen sein.

Bibbernd wartete ich an der Haltestelle auf den Schulbus. Der Wind war eisig und meine Kleidung für die Temperaturen völlig falsch ausgewählt. Ich hatte meinen karierten kurzen Rock an, trug dicke schwarze Strümpfe, ein pinkes T-Shirt und eine schwarze, viel zu dünne Jacke. Kurz dachte ich darüber nach, wieder umzudrehen und mir was Wärmeres anzuziehen. Aber das ließ ich bleiben. Ich hatte schon fast eine Stunde gebraucht, um die Klamotten auszusuchen, und auf das Auswahldrama hatte ich keinen Bock mehr. Ich besaß einfach keine Klamotten, in denen ich bei Jungs einen Hallöchen-die-sieht-ja-super-aus-Eindruck hinterlassen konnte. Zumindest nicht bei Jungs, die wie Marvin immer todschick und teuer gekleidet waren. Das, was ich trug, war schon das Maximum, was man aus meinem Kleiderschrank rausholen konnte. Aber immerhin sah ich so einigermaßen passabel aus. Wenn man mal von meinem Gezitter und meinen blauen Lippen absah. Und ich wollte, nein, ich *musste* gut aussehen. Irgendwie befürchtete ich, dass Marvin sonst bei meinem Anblick wieder zu Verstand kommen und unser Date absagen könnte. Als der Bus um die Ecke bog, juchzte ich auf. Endlich ins Warme!

In der Schule setzte ich mich auf meinen Rucksack direkt vor die große Eingangstür. Der Bereich war überdacht und bot Schutz vor dem kalten Wind.

Kurz vor acht kam Marvin zusammen mit Sven und Justin als einer der Letzten auf den Schulhof. Cool bleiben, hieß meine Devise, was nicht so leicht war, da mir das Herz schon wieder fast aus der Brust hüpfte, als ich Marvin sah. Aber Sven und Justin durften nichts merken. Die würden ja aus allen Wolken fallen, sich mit Lore verbrüdern und uns auseinanderhassen.

„Menschenskinder, ist bei dir der Frühling oder ein Frühlingsgefühl ausgebrochen?" Ich drehte mich um und sah, wie mich die dick eingemummelte Lore von Kopf bis Fuß musterte.

„Wieso?“, fragte ich scheinheilig.

Lore packte mich an den Armen und fragte ernst: „Weißt du etwa, wer der Gorilla ist?“

„Waaas?“ Ich tat empört. „Nein!“

„Du würdest es mir doch auch verraten, oder?“

„Logisch! Du bist doch meine beste Freundin“, sagte ich und schämte mich sofort dafür, Lore derart anzuflunkern. Dabei hätte ich ihr so furchtbar gerne von Marvin erzählt! Aber das ging einfach nicht.

Lore sah mich skeptisch an. „Aber erzähl mir nicht, dass du nicht frierst.“

„Nur ein bisschen.“

„Willst du meine Jacke? Du hast ja schon blaue Lippen.“ Lore fummelte an ihrem Reißverschluss rum.

„Nee, nee, lass mal. Drinnen ist es ja warm.“

War es nicht. Es war eisig. Und daran würde sich heute auch nichts mehr ändern, wie uns unsere tieftraurige Direktorin in der Schulaula mitteilte. Die prähistorische Heizung der Schule hatte sich in der Nacht verabschiedet und war heute wohl auch nicht mehr in Gang zu kriegen. Und deshalb musste der Unterricht ausfallen, was der Direktorin offensichtlich wirklich leidtat. Aber damit stand sie allein auf weiter Flur. Denn während alle Schüler aufjubelten, freuten sich auch etliche Lehrer über den geschenkten freien Tag. Allerdings deutlich heimlicher.

Die ganze Schülermeute setzte sich gleichzeitig in Bewegung. Die jüngeren Schüler rannten wie irre nach draußen und wir älteren schlenderten gut gelaunt Richtung Schulhof. Lore legte dabei ihren Arm um mich.

„Und? Was machen wir jetzt? In den Coffeeshop? Durch die Stadt bummeln? Shoppen?“ Lore war voller Tatendrang. Ganz im Gegensatz zu mir. Ich fror bloß und hatte ein schlechtes Gewissen.

„Du, mir ist echt ganz schön kalt. Ich glaub, ich fahr erst mal nach Hause, mich umziehen und aufwärmen.“

Ich schämte mich tierisch für diese Notlüge, aber ich konnte den freien Vormittag unmöglich mit Lore verbringen. Sie kennt mich einfach zu gut und hätte irgendwann gemerkt, dass ich ihr was verheimlichte. Und dann hätte sie mich ausgefragt und ich hätte sie womöglich anlügen müssen. Und das wollte ich nicht.

Lore sah enttäuscht aus.

„Soll ich mitkommen?“, fragte sie.

„Nein!“, rief ich – ein bisschen zu heftig. „Ähm … Ich … ich muss doch mein Zimmer … ähm … fertig einrichten, weißt du? Und das ist so winzig, das muss ich alleine machen.“

„Ah, na klar. Das verstehe ich“, sagte Lore, der ich ansah, dass sie misstrauisch war. „Telefonieren, heute Nachmittag?“

„Heute Abend wäre besser. Ich will unbedingt das Zimmer fertig kriegen.“

„Gut. Dann heute Abend."

An den Fahrradständern verabschiedete ich mich von Lore und ging weiter zur Bushaltestelle, nicht ohne mich immer wieder umzuschauen. Aber Marvin schien wie vom Erdboden verschluckt zu sein.

Mein Zimmer sah schrecklich aus. So als würde ich schon seit Jahren darin hausen, ohne auch nur ein einziges Mal aufgeräumt zu haben. Das musste man auch erst mal hinkriegen. Aber in diesem Saustall wollte ich Marvin auf keinen Fall empfangen. Sofort begann ich mit dem Aufräumen. Das heißt, erst legte ich Davids CD in die Anlage. Zum Aufräumen brauchte ich Musik. Und außerdem musste ich die CD endlich mal hören. David würde mich mit Sicherheit bald löchern, was ich vom Meisterwerk der Fröhlichen Pessimisten hielt. Gar nichts. Die Musik war schrecklich. Der Schlagzeuger trommelte irgendwas, nur keinen Takt, die Gitarren fiepten und kreischten mit dem Sänger um die Wette. Und die Texte hörten sich so an, als hätte David meine Mutter bei einem Gespräch mit Jakob belauscht und daraus einen Song gemacht. Es sollte Englisch sein, war es aber nicht.

„The night is dark. The day not. So get up you morning sing a song about night." Himmelherrgott. War das übel.

Während die Musik meine Ohren quälte, stopfte ich Klamotten in den Schrank, Bücher ins Regal und alles andere unters Bett. Ich saugte sogar Staub – zum ersten Mal in meinem Leben –, was meine Mutter ganz aus dem Häuschen brachte. Sie hoffte wohl, dass ich zur Vernunft gekommen war.

Gegen Mittag war ich endlich fertig. Mit meinen Nerven und dem Zimmer, das jetzt blitzte und blinkte und definitiv nicht mehr mein Zimmer war. Wenn man mal von den schrill angestrichenen Wänden absah, sah mein Zimmer so aus wie eine Puppenstube für brave Töchter. Ich stemmte die Hände in die Hüften, betrachtete mein Werk und dachte: Siehste, Hannah, wenn du nur willst, kannst du ein ganz anderes Mädchen sein. Aber willst du das überhaupt?

Ich raufte mir die Haare. So ging das nicht. Das war nicht ich. Ich war eine Chaotin. Ich war unordentlich. Und ich fand, dass Marvin das wissen musste. Ich würde mich nicht ewig verstellen können.

Sofort fing ich an, alles wieder aus dem Schrank und dem Regal zu reißen und im Raum zu verteilen, bis es fast so aussah wie vorher. Nur ohne Staub. Den ließ ich allerdings im Staubsaugerbeutel. Aber was, wenn Marvin das Chaos hier abschreckte? Konnte er eine volle Dröhnung Hannah überhaupt aushalten?

Das erste Date

Wenn man ein neues Haustier hat, soll man es ja erst mal eine Weile in Ruhe lassen, damit es sich an die Umgebung gewöhnen kann. Das geht mit Jungs nicht. Jungs neigen dazu, sich unglaublich schnell zu langweilen. Die wollen beschäftigt werden. Das gilt übrigens nicht nur für Freunde, sondern auch für kleine Brüder und Väter.
Bei Vätern ist das einfach. Richte ihnen zum Beispiel einen Hobbykeller mit Werkstatt ein, wo sie sich beim Basteln auf den Fingern rumkloppen können, oder überlasse ihnen kaputte Haushaltsgeräte (zum Beispiel Kaffeemaschinen) zur Reparatur. Hobbykeller sind die Hamsterräder für Männer. Bei Jungs ist das schon schwieriger.

Drei „Hamsterräder" für Jungs:

1. Videospiele
2. DVDs
3. Knutschen

Kommt ein Junge zu Besuch, den du süß findest, gilt es wie bei Hamstern, Katzen oder Hunden erst einmal Vertrauen zueinander aufzubauen. Ganz wichtig: Spiele ihm nichts vor! Es macht beispielsweise keinen Sinn, Poster von Bands aufzuhängen, die du gar nicht leiden kannst, nur um ihn zu beeindrucken. Das wird entweder auffliegen oder du musst in Zukunft ständig Musik hören, die du nicht ausstehen kannst.

Komme ihm und seinen Bedürfnissen entgegen, aber verstelle dich nicht!

Und genau das hatte ich vor: Ich würde mich nicht verstellen, sondern ihm gleich eine volle Hannah-Breitseite verpassen.

Pünktlich auf die Minute schellte es an der Tür. Marvin! Sofort schoss ich aus meinem Zimmer, rannte die Treppen runter und rief: „Ich geh schon! Ist für mich!“, bevor meine Mutter oder – noch schlimmer – Jette oder Jakob Marvin innerhalb von einer Sekunde vergraulen konnten.

Vor der Tür machte ich eine Vollbremsung und atmete dreimal tief durch. Dann öffnete ich so gelassen wie möglich die Tür. Marvin hatte die Hände in seiner Jeans vergraben und wippte auf der Stelle vor und zurück.

„Hallo“, sagte er.

„Hallo“, antwortete ich und lächelte ihn an.

Marvin sah super aus und kein bisschen Schickimicki. Seine Jeans war cool. Er trug dicke schwarze Boots und einen grünen Armeeparka.

„Wie geht es dir?", fragte ich ihn.

„Gut. Alles super eigentlich", sagte Marvin.

„Das ist prima", sagte ich und lächelte weiter.

Marvin zeigte in den Flur. „Können wir vielleicht reingehen? Ist ziemlich kalt."

„Stimmt, und du trägst dein Fell heute gar nicht", sagte ich, trat einen Schritt zurück und ließ ihn rein. „Lass uns gleich hochgehen."

Ich ging vor und Marvin folgte mir die Treppen hoch.

„Wer ist denn da? Lore?", rief uns meine Mutter aus der Küche hinterher.

„Nein. Ein Freund."

„Dein Freund?", plärrte meine Mutter überrascht und ich wäre vor Scham am liebsten im Boden versunken.

„Ein Freund!", schrie ich.

„Dein Freund?", wiederholte sie.

„Nur ein Freund!", schrie ich noch mal.

Nur ein Freund. Hoffentlich bekam Marvin das nicht in den falschen Hals. Schließlich war ich mir ja gar nicht sicher, was Marvin für mich war oder werden könnte.

„Tut mir leid", sagte ich, als wir vor der Tür zu meinem Zimmer standen.

Marvin grinste, sagte aber nichts. Dafür musterte er den großen Betreten-verboten-Aufkleber, den ich erst heute Vormittag draufgeklebt hatte, um meine Familie – vor allem die kleine Nervensäge und Barbie – davon abzuhalten, einfach so mein Zimmer zu stürmen.

„Nutzt nichts! Die latschen trotzdem, ohne anzuklopfen, rein."

„Kenn ich", antwortete Marvin.

Ich öffnete die Tür und ging ins Zimmer. Marvin folgte mir und blieb gleich wieder stehen. Er sah sich um. Meine Klamotten lagen überall verstreut, das Bett war nicht gemacht, überall flogen DVDs, CDs und Bücher rum und der Schreibtisch sah aus, als wäre darauf eine Bombe detoniert. Dann starrte er auf meine bunten Wände.

„Wow, das ist dein Zimmer?"

„Ich würde es eher einen Schuhkarton nennen."

„Wahnsinn, dein Zimmer ist ja … schrill."

„Schrill?"

„Ja. Ungewöhnlich halt. So bunt irgendwie."

„Das liegt an den Farben."

„Schon klar."

Das liegt an den Farben! Na super! Woran denn sonst?

„Also ich find's echt cool."

Ich hatte Marvin ganz genau im Blick, als er das sagte, und ich glaube, er fand mein Zimmer wirklich cool. Aber ganz sicher kann man sich da nie sein. Gerade nicht bei einem ersten Date. Da ist man immer netter als normal und hält sich mit seiner Meinung zurück.

Er sagt: „Dein Zimmer ist echt schön bunt."

Er meint: „Bist du farbenblind?"

Er sagt: „Wow, ich mag das Poster deiner Lieblingsboyband."

Er meint: „Wenn du deren CD auflegst, hau ich ab."

Marvin lächelte mich an und ließ sich auf mein Bett plumpsen. Dann fummelte er noch meine Klamotten von gestern, vorgestern, vorvorgestern und vorvorvorgestern unter seinem Hintern hervor und warf sie ans Fußende.

„Echt spitze. Meine Eltern würden es mir nie erlauben, mein Zimmer so zu streichen."

„Gejubelt haben meine auch nicht gerade."

Er zog seine Jacke aus und kramte eine Schachtel Zigaretten aus der Tasche. Er hielt sie fragend in meine Richtung.

„Darf ich?"

„Ist okay, aber bitte am Fenster, meine Mutter darf das nicht mitkriegen."

„Alles klar."

Marvin stand auf und ging zum Fenster. Er öffnete es und steckte sich eine Zigarette an. Ich sah sofort, dass er eine Show abzog und eigentlich gar nicht richtig rauchte. Er hielt die Zigarette so komisch ungelenk und verzog das Gesicht, als er den Rauch einatmete. Als würde er würgen müssen. Wie kam er denn auf die bescheuerte Idee, dass mich das beeindrucken würde?

„Willst du auch eine?“, fragte er mich.

„Seh ich so aus, als würde ich mich hassen?“

Marvin schaute verdutzt und musterte mich von oben bis unten. Lange dauert das naturgemäß nicht. Ich sagte ja schon, dass ich ein Zwerg bin.

Dann grinste er, schloss die Schachtel und steckte sie weg. Er zog wieder an seiner Zigarette, atmete den Rauch ein und tat so, als würde er das genießen. Da stand er nun, mitten in meinem Zimmer – mein wahrscheinlich erster Freund –, und tat so, als wäre er cool. Was aber reines Gepose war. Trotzdem fand ich das süß, weil ich mir sicher war, dass er sich das vorher so überlegt hatte, um Eindruck bei mir zu schinden. Marvin versuchte, mit dem Rauch Kringel in den Raum zu pusten. Es misslang. Dicke Rauchbatzen eierten Richtung Decke und das ärgerte ihn gründlich. Ich lächelte.

Merke: Jungs müssen angeben. Wenn sie keinen auf dicke Hose machen, zerfallen sie wahrscheinlich zu Staub oder fangen an, Mathematik zu lieben oder so was.

Gerade als Marvin wieder mit großer Geste einen tiefen Zug Rauch inhaliert hatte, flog meine Tür auf und Mutter stand im Zimmer.

Marvin schnippte die Zigarette geistesgegenwärtig aus dem Fenster. Nur den Rauch aus seiner Lunge bekam er nicht rechtzeitig raus. Er hielt die Luft an.

„Wollt ihr Kekse oder was zu trinken?", fragte meine Mutter fröhlich und sah Marvin aufmerksam an. Der war mittlerweile rot angelaufen. Lange würde er nicht mehr die Luft anhalten können. Marvin schüttelte hektisch den Kopf.

„Nein, danke, Mama. Wir kommen klar. Und wären jetzt gerne alleine", sagte ich hastig.

„Na dann geh ich mal lieber, was?", sagte sie und tat das Unglaubliche: Sie kniff Marvin in die Wange! Der grinste immer panischer. Dann rauschte sie endlich aus dem Zimmer und schloss die Tür.

Marvin ließ sich keuchend und hustend neben mich auf das Bett fallen, stöhnte vor Schmerz kurz auf und holte meinen Fotoapparat unter seinem Rücken hervor.

„Geht es?", fragte ich Marvin. „Oder soll ich dir was zu trinken holen?"

„Alles okay", schnaufte er und legte sich lang mit hinter dem Kopf verschränkten Armen hin. Sein Ellenbogen berührte meinen Kopf. Nur ganz leicht, geradezu zart, aber trotzdem war diese Berührung ganz intensiv. Ich wagte es nicht, mich zu bewegen, und genoss die Wärme, die er ausstrahlte. Außerdem roch er gut, wenn auch ein klein bisschen zu heftig. Ich schnupperte vorsichtig an ihm, was er bemerkte und prima fand.

„Du riechst gut", sagte ich. Marvin grinste von einem Ohr zum anderen. Ich rutschte etwas näher an ihn ran.

Dann flog die Tür ein zweites Mal auf und meine Mutter stand wieder im Zimmer.

„Kakao und Kekse für das Liebespaar!"

Sofort schossen wir auseinander. Marvin drehte sich weg und ich setzte mich auf.

„Mama! Lass das!", fauchte ich, aber sie ließ sich nicht beirren und balancierte ein großes Tablett Richtung Schreibtisch. Mit dampfendem Kakao und selbst gebackenen Keksen drauf. Vollkorndinkel ohne Zucker. In anderen Ländern werden diese steinharten, ungesüßten Dinger als Folterwerkzeuge verkauft.

Das konnte echt nicht wahr sein! Liebespaar?! Blödsinn! Und dann auch noch Kakao und Kekse? War ich fünf? Wollte ich eben nur im Boden versinken, war es nun meine feste Absicht, nicht nur im Boden zu versinken, sondern mich gleich mittendurch zu wühlen. Bis zur anderen Seite der Erdkugel. China oder so. Da würde ich dann wieder auftauchen und unerkannt und so weit weg wie möglich von zu Hause ein neues Leben beginnen.

Merke: Sorge dafür, dass deine Mutter weit weg ist, wenn du dein erstes Date hast. Am besten sollte sie in China sein. Es sei denn, du hast dich vor Scham bis dahin durchgewühlt und einen netten Chinesen kennengelernt.

„Ich stell's nur schnell ab und bin dann wieder weg."

Wie ein dusseliges Fragezeichen stand meine Mutter im Zimmer herum und fand keinen Platz für ihr blödes Tablett. Ich nahm es ihr ab.

„Ich nehme es, danke."

Mutter zwinkerte mir zu und ich schob sie zur Tür raus. Dann setzte ich mich wieder zu Marvin aufs Bett. Wir starrten eine gefühlte Ewigkeit Löcher in die Luft. Irgendwie fiel uns gerade überhaupt nichts ein, worüber wir quatschen könnten.

„Magst du Fußball?", fragte ich ihn.

„Nee, nicht so. Magst du vielleicht Basketball?"

„Nee. Nicht so."

„Hm."

„Hm."

Wieder schwiegen wir. Ich wippte etwas mit den Beinen und dachte darüber nach, was ich tun könnte, um diese schreckliche Stille zwischen uns zu beenden. Dann drehte sich Marvin plötzlich zu mir und beugte sich vor. Sein Gesicht kam meinem immer näher. Mein Gott! Er wollte mich küssen! Das ging mir zu schnell. Ich sprang auf, Marvin kippte seitlich aufs Bett und knutschte ungewollt meine Klamotten von vorvorvorgestern.

„Wie wäre es mit Musik?“, fragte ich schnell, nur um irgendwas zu sagen und um irgendwas zu tun.

„Warum nicht?“, antwortete er, nachdem er sich wieder aufgerichtet hatte.

„Okay.“

Ich wühlte in meiner CD-Kiste nach der richtigen Musik. Ich war panisch. Was sollte ich nehmen? Was Schmalziges? Aber das hätte ihn vielleicht ermutigt, es noch mal mit einem Kuss zu probieren. Also lieber was Schnelles? Oder würde er das dann als klare Abfuhr auffassen?

Was Musik bei einem Date aussagt:

1. Rockmusik: „Ich will nicht mit dir knutschen. Aber wenn du Lust hast, können wir zusammen ein Hotelzimmer demolieren (oder von mir aus auch das Playmobil-Piratenschiff von meinem kleinen Bruder).
2. Schmusemuse: „Ich will und werde mit dir knutschen."
3. Blasmusik: „Geh nach Hause und komm nie wieder."

„Was magst du denn hören?", fragte ich verzweifelt.

„Was hast du denn?"

Marvin kam zu mir rüber, hockte sich neben mich und begann ebenfalls, meine CDs zu durchwühlen.

„Wie wäre es denn damit?" Grinsend hielt er mir eine Bibi-Blocksberg-CD unter die Nase.

„Die ist von meinem Bruder", beeilte ich mich zu sagen. Dummerweise lief mein Gesicht dabei rot an.

„Da steht dein Name drauf." Mit dem Finger tippte er auf eine handgeschriebene, krakelige Zeile, die mich ziemlich blöd aussehen ließ: *Diese CD gehört Hannah. Finger weg!*

„Gib her!", rief ich und riss ihm die CD aus den Händen.

„Ey, reg dich nicht auf. Ich hatte die gleiche! Hex, hex."

„Jetzt gehört die aber wirklich meinem kleinen Bruder."

„Glaub ich dir. Was haben wir denn da?" Er zog eine CD-Hülle aus der Kiste: „Kuschelrock 23".

Ich dachte nur: Ach Gott. Dann doch lieber Bibi Blocksberg.

Die uralte Kuschelrock-CD hatte ich von Jette zu Weihnachten bekommen. Inklusive eines Deos. Das sollte witzig sein. Jette meinte, dass ich so vielleicht doch mal einen Freund finden könnte. Als ob ich stinken würde! Ich parfümiere mich halt nur nicht so exzessiv mit süßem Stinkzeug ein wie sie. Die hat einen derartigen Parfümverbrauch, dass bald weltweit die Vanille knapp wird.

Marvin musterte gründlich die Rückseite der Hülle und ließ sie aufschnappen. Er meinte es ernst!

„Hm, die CD ist nicht drin."

„Gott sei Dank", stöhnte ich auf.

„Was hast du gesagt?"

„Ach, schon gut."

Wir wühlten weiter. Irgendwie spürten wir beide, dass die Auswahl der Musik echt wichtig war und dass wir unterschiedliche Vorstellungen davon hatten, wie der Nachmittag weiter verlaufen sollte. Beide begannen wir regelrecht, um die Wette zu suchen. Er kramte hektisch nach was Romantischem und ich nach etwas ganz und gar Unromantischem.

„Hier! Das nehmen wir!" Triumphierend hielt ich eine selbst gebrannte CD hoch.

„Was ist denn das?", fragte Marvin, sichtlich enttäuscht. „Fröhliche Pessimisten – Alles wird Scheiße. Gut so", las Marvin vor. „Fröhliche Pessimisten? Von denen hab ich noch nie was gehört." Marvin nahm sich die Hülle und begutachtete sie skeptisch. „Sind die aus Berlin?“

„Nee, die sind von hier. Das ist die Band von David, meinem Stiefbruder.“

„Wow. Wusste gar nicht, dass der in einer Band spielt.“

„Doch, doch. Und die sind total gut.“

„Was spielen die denn so?“, fragte Marvin.

„Echte, handgemachte Musik! Nicht so ’ne Plastikpopscheiße, weißt du“, sagte ich und dachte: Die spielen auf gar keinen Fall so, dass man dazu knutschen will!

Ich legte die CD rein, drückte auf Play und drehte die Lautstärke auf. Und ziemlich schnell wieder runter. Ich spielte zwar selbst kein Instrument und hielt mich auch für eher unmusikalisch, aber man musste wahrlich kein Experte sein, um zu hören, dass bei der Band nichts zusammenpasste.

Marvin warf sich aufs Bett und ich setzte mich neben ihn. Wir sahen uns beide an und mussten lachen.

„Wenigstens verstehe ich nicht, was der da singt“, sagte Marvin.

„Ich glaube, den Gesang haben sie beim Zahnarzt aufgenommen. Der kriegt gerade eine Zahnwurzelbehandlung.“

„Oh. Jetzt ist der Gitarrist auf seine Gitarre gefallen.“

„Hoffentlich hat er sich nicht wehgetan.“

„Was spielt der Schlagzeuger da? Sollte das ein Solo sein oder versucht er, irgendwelche Insekten auf seinen Trommeln zu erschlagen?“

„Auf alle Fälle hasst der sein Instrument."

Wir amüsierten uns prächtig, kringelten uns vor Lachen und waren dabei so abgelenkt, dass wir gar nicht mitbekamen, dass David, angelockt von seiner Musik, im Zimmer stand.

Als wir ihn bemerkten, war es zu spät. Er hatte alles gehört. David sah mich nur kurz an, drehte sich um und ging so leise, wie er gekommen war.

„Oh nein!", rief ich, sprang auf und rannte David hinterher. „David!"

David verschwand in seinem Zimmer und schloss die Tür hinter sich ab. Ich klopfte vorsichtig.

„David, es tut mir leid. David?" In seinem Zimmer blieb es still.

„David!"

Ich klopfte noch mehrmals, aber er rührte sich nicht.

„Scheiße."

Es war ein furchtbares Gefühl, David so gedemütigt zu haben. Er war immer nett zu mir gewesen und hatte mich sogar gegen seine psychopathische Barbieschwester verteidigt. Und was machte ich? Stellte ihn vor Marvin bloß. Kacke.

Ich ging zurück in mein Zimmer, ließ mich in meinen Sessel fallen und vergrub das Gesicht in den Händen.

„Mist, Mist, Mist!", fluchte ich.

„Und nun? Was sollen wir machen?", fragte Marvin.

„Ich weiß es nicht“, antwortete ich. „Ich hab keine Ahnung.“

„Sollen wir uns gemeinsam entschuldigen?“, schlug Marvin vor.

„Das bringt nichts. Er hat sich eingeschlossen.“

Drei Gründe, warum du bei deinem ersten Date immer das Zimmer verriegeln solltest:

1. Damit deine Mutter euch nicht mit Kakao und Keksen überraschen kann.
2. Damit dein Stiefbruder nicht mitbekommt, wenn du über seine Band lästerst.
3. Damit du dich nicht total elend fühlst.

Ich machte die Musik aus. Die Stille um uns herum kam mir wie eine Anklage vor: Du, Hannah, hast David, den du magst und der immer nett zu dir war, brutal gedemütigt, und damit einen Mitbewohner mehr, der dich hasst.

„Und was machen wir jetzt?“, fragte Marvin noch einmal.

„Ich weiß nicht. Vielleicht gehst du jetzt besser.“

Marvin rührte sich nicht.

„Sei mir nicht böse, Marvin, aber ich denke, ich sollte irgendwie versuchen, mich bei David zu entschuldigen, weißt du?“

Er war nicht gerade glücklich, dass ich ihn nach Hause schickte. Aber das war ich ja auch nicht. Marvin schnappte sich seine Jacke.

„Ich bring dich runter."

An der Haustür verabschiedeten wir uns.

„Es tut mir leid, dass unser Date so mies lief."

„Mir hat es Spaß gemacht. Also, bis dein Bruder David …"

„Mir auch", sagte ich, weil es stimmte.

Marvin lächelte mich an. „Sehen wir uns morgen?", fragte er.

„Klar."

„Ich meine morgen Nachmittag. Nach der Schule."

„Sehr gerne."

Marvin umarmte mich. „Bis morgen!" Dann hielt er noch ewig meine Hand fest und das fühlte sich total schön an.

„Was macht ihr denn da? Knutschen?", schrie Jakob, drängelte sich an mir vorbei aus der Haustür und starrte Marvin an.

Marvin ließ meine Hand schnell los.

„Hau ab!", zischte ich Jakob zu und erklärte Marvin: „Das ist mein nerviger kleiner Bruder!"

„Ich bin nicht nervig!", nervte Jakob, und um das Elend zu vervollständigen, stand auf einmal auch noch meine Mutter neben uns.

„Jakob, what are you doing here? I told you not to … äh … stören your sister!" Mutter grinste uns an, als hätte sie nicht alle Latten am Zaun. „So ist das, wenn man gleich zwei Satansbraten in die Welt setzt.“

Zwei Satansbraten? Ich konnte es nicht fassen. Warum müssen einen Mütter so oft blamieren?

„Ach ja, das junge Glück“, seufzte Mutter und starrte ungeniert von Marvin zu mir und wieder zurück. Marvin errötete in Rekordzeit und konnte nur noch irgendwas vor sich hin stammeln.

„Da hast du dir wirklich einen patenten jungen Mann ausgesucht. Gute Wahl, Hannah“, rundete Mutter die Katastrophe ab.

Ich schloss die Augen. Das war nicht passiert! Das war alles nicht passiert!

„Wir gehen dann mal rein und lassen die beiden Turteltauben alleine“, sagte meine Mutter zu Jakob.

„Och nö, ich will noch hierbleiben“, beschwerte sich Jakob, aber Mutter zog ihn ins Haus.

„Viel Spaß noch“, sagte sie zum Abschied.

Der war mir aber gründlich vergangen.

„Es tut mir leid“, sagte ich leise.

„Ach, macht doch nix“, antwortete Marvin. Er nahm wieder meine Hand in seine und umarmte mich. Dann ging er. Ich blieb in der Tür stehen. Kurz bevor er um die Ecke bog, drehte er sich noch einmal um und winkte mir zu.

Lange nachdem Marvin gegangen war, stand ich noch vor Davids Tür. Ich entschuldigte mich mehrmals, aber in Davids Zimmer blieb es still. Erst als Jette kam, verzog ich mich in mein Zimmer.

Die CDs lagen auf dem Boden verstreut, das Bett war zerwühlt und Mutters Tablett mit den Keksen und den zwei Tassen Kakao stand immer noch unangerührt auf dem Schreibtisch. Es war schön, die Spuren von Marvins Besuch zu sehen. Ich legte mich aufs Bett und streckte meinen rechten Arm dorthin aus, wo eben noch Marvin gelegen hatte. Ich schloss die Augen und träumte mich eine Stunde zurück. Minuten, bevor David in meinem Zimmer gestanden und Marvin und ich noch herumgealbert hatten. Ich bemerkte, wie viele Bilder ich von Marvin im Kopf hatte, und dass es mir ganz warm und wohlig wurde, wenn ich an ihn dachte. Mein Handy klingelte und eine Gänsehaut raste über meinen Körper. Innerhalb einer Zehntelsekunde hatte ich mir mein Handy geschnappt und das Gespräch angenommen.

„Hallo?“

„Hi, Süße!“

Es war Lore. Ich versuchte, sie meine Enttäuschung nicht spüren zu lassen.

„Hi.“

„Wie geht's? Alles klar bei dir?“

„Ja. Was gibt es?“

„Thomas kommt nachher vorbei.“

„Aha.“

„Wir müssen zu seiner Mutter. Die will mich kennenlernen."

„Hm."

„Sag mal, ist irgendwas?", fragte Lore misstrauisch.

Jede Menge! Ich hatte mein allerertes Date gehabt und versemmelt, Händchen gehalten und mich ein bisschen verliebt, meinen einzigen Verbündeten gedemütigt und wahrscheinlich für immer verloren. Das war schon was. Und gerade jetzt hätte ich meine beste Freundin so sehr wie noch nie an meiner Seite gebraucht. Zum Freuen und zum Grübeln, wie ich das mit David wieder hinkriegen könnte. Aber das ging ja nicht, weil Lore Marvin hasste und ich ihr von meiner Verabredung hätte erzählen müssen.

„Bin nur müde."

„Und? Bist du fertig geworden?"

„Fertig? Womit?"

„Na mit Zimmer einrichten."

„Ach so. Ja … ähm … können wir morgen quatschen? Bin grad echt ein bisschen durch den Wind."

„Oh, okay. Dann bis morgen."

„Ja, bis morgen."

Ich legte auf und fühlte mich schlecht und super auf einmal. Schlecht wegen Lore und David, super wegen allem anderen. Ich startete meinen Laptop und begann zu schreiben, um zu verstehen, was eigentlich passiert war.

Das erste Date und wie man Störungen verhindert

Der Ort, an dem dein erstes Date stattfindet, sollte sorgfältig ausgewählt werden. Wenn du eine Mutter oder einen Vater hast, die/der dazu neigt, unangemeldet in dein Zimmer zu platzen, nur um dich auf vielfältige Art und Weise bis auf die Knochen zu blamieren (Eltern sind da erfindungsreich!), triff dich irgendwo anders mit ihm. Oder sieh zu, dass deine Mutter oder dein Vater weit, weit weg ist. Schilder an der Zimmertür bieten keinen ausreichenden Schutz. Deine Eltern werden immer behaupten, dass sie das zwei mal zwei Meter große Plakat mit der Aufschrift „Betreten verboten" und dem Totenkopf drauf nicht gesehen haben. Eltern sehen nur, was sie sehen wollen, und damit genau das, was sie nicht sehen sollen. Denn wehe, du hast mal einen Knutschfleck am Hals! Den werden sie aus vierhundert Kilometer Entfernung entdecken und die Fassung verlieren. (Vor allem die Väter.)

Falls du dich trotzdem bei dir zu Hause mit ihm treffen willst, dann bereite ihn sorgfältig auf deine Eltern oder nervigen Geschwister vor. Wenn er weiß, was ihn erwartet, wird es ihn nicht gleich aus den Latschen hauen, wenn sich deine Eltern peinlich aufführen.

Drei Dinge, die deine Mutter keinesfalls im Beisein deines neuen Freundes ansprechen sollte:

1. Was für ein süßes Paar ihr abgebt.
2. Wie man richtig mit Zunge küsst.
3. Durchfallerkrankungen.

Sinnvoll könnte es auch sein, mit deinen Eltern vorher über dein Date zu sprechen. Mach mit ihnen Spielregeln aus! Wenn du Glück hast, halten sie sich dran. Sprüche wirst du dir auf alle Fälle anhören müssen. Aber wahrscheinlich erst nach dem Date, wenn dein Schwarm längst wieder in Sicherheit ist.

Die vier wichtigsten Spielregeln, zu denen du deine Eltern zwingen solltest:

1. Überraschungsbesuche im Zimmer sind tabu.
2. Deinem Schwarm wird nicht im Treppenhaus oder beim Betreten der Wohnung aufgelauert.
3. Es werden keine Fotos vom süßen Paar fürs Familienalbum geschossen!
4. Sollte man sich doch zufällig begegnen, wird nur gegrüßt und sich verabschiedet und sonst nicht weiter miteinander gequatscht.

Beim Abendbrot war die Stimmung auf einem neuen Tiefpunkt angelangt. Eisiges Schweigen erfüllte den Raum. Und ich war schuld. Jette funkelte mich nur sauer an und David tat so, als wäre ich gar nicht anwesend. Jedes Mal wenn ich etwas zu ihm sagte oder ihn bat, das Salz rüberzureichen, reagierte er gar nicht. Was meine Mutter kirre machte. Die konnte Spannungen gar nicht ertragen. Zu sehr hing sie an der Vorstellung, Mittelpunkt und Herz einer glücklichen Familie zu sein. Also brachte sie als große, freudige Nachricht des Tages Marvin auf den Tisch. Bis auf Jette, die aufmerksam zuhörte, und Hannes, der mir zuzwinkerte, schien sich aber niemand für das junge Glück zu interessieren.

Genervt stopfte ich das Essen in mich rein und verschwand, so schnell es ging, wieder in mein Zimmer. Ich brauchte Ruhe.

Der nächste Schultag war eine echte Herausforderung. Schließlich durfte ich mir ja nichts anmerken lassen, sonst wäre Lore total sauer gewesen. Aber die hatte ohnehin andere Sorgen. In der großen Pause erzählte sie mir haarklein, wie grausam ihr gestriger Nachmittag verlaufen war. Und obwohl ich es wirklich versuchte, konnte ich mich nicht auf Lore und ihr Drama konzentrieren. Immer wieder suchte ich den Schulhof nach Marvin ab.

„Die konnte mich von Anfang an nicht leiden, die blöde Kuh!", schimpfte Lore. „Die hat mich wie Dreck behandelt."

„Was? Wer?"

„Die Mutter von Thooomas. Hab ich doch gesaaagt!"

Wenn Lore leicht gereizt war, zog sie die Vokale in die Länge.

„Ach ja, stimmt."

„Die haben selbst nur so ein normales Reihenhaus, weißt du. Aber trotzdem führt die sich auf, als wäre sie die Königin von England." Lore schnaufte verächtlich.

„Aha."

„Die macht einen auf piekfein. Und natürlich bin ich für die ein totaler Prolet."

„Hm."

„Dabei hab ich mir wirklich Mühe gegeben, mich anständig angezogen und gut benommen und so weiter. Aber es hat nichts gebracht. Die mag mich einfach nicht."

„Aha."

Eine Weile saßen wir stumm nebeneinander. Ich suchte immer noch nach Marvin und Lore sah zum Himmel hoch.

„Was soll ich jetzt bloß machen? Meinst du, es ist wichtig, dass die mich mag?"

„Hm."

„Du denkst also auch, dass es wichtig ist?"

„Hm."

Da entdeckte ich plötzlich Marvin bei den Fahrradständern. Mit Sven und Justin. Ab und zu sah er verstohlen zu mir rüber. Ich kriegte schon wieder Herzrasen.

„Was soll ich jetzt machen? Ihr beim nächsten Mal Blumen mitbringen?“, fragte Lore und sah mich an. Sie wirkte alles andere als glücklich, geschweige denn so kämpferisch wie sonst, wenn sich ihr jemand in den Weg stellte.

Ich hatte ihr nur noch mit halbem Ohr zugehört, sagte „Gute Idee“ und hoffte, einen Zufallstreffer gelandet zu haben.

„Hast du mir überhaupt zugehört?“

„Klar.“

Lore schaute mir in die Augen. „Du, Hannah, hast du vielleicht heute Nachmittag Zeit? Ich würde das gerne noch mal in Ruhe mit dir bequatschen. Thomas spinnt deswegen echt rum.“

Heute Nachmittag! Ich bekam heiße Wangen.

„Uh … Heute Nachmittag geht nicht“, sagte ich. „Familientag, weißt du?“

Der Schulgong läutete und befreite mich aus der peinlichen Situation. Sven und Justin ärgerten ein paar der Kleinen, indem sie ihnen die Jacken über den Kopf zogen. Marvin sah zu mir rüber. Und er gab mir ein kurzes Zeichen.

„Du, Lore, ich muss noch mal schnell zu meinem Fahrrad“, sagte ich und sprang auf.

„Wieso, was ist damit?“

„Luftpumpe. Die wird mir noch geklaut!“, rief ich, rannte los zu den Fahrradständen und ließ Lore alleine auf der Bank zurück.

Ich war noch nicht ganz bei den Fahrradständern angekommen, da lief Marvin plötzlich los und verschwand hinter einer Hecke. Was sollte das denn? Ich drehte mich noch mal zu Lore um, aber die Mauer, auf der wir gesessen hatten, war leer. Dann ging ich Marvin hinterher.

„Hier!“, hörte ich ihn leise rufen.

Kaum war ich da, nahm er meine Hand, zog mich vorsichtig zu sich und küsste mich. Ganz schnell, aber auf den Mund! Mein erster Kuss! Ich bekam weiche Knie, rote Wangen und in meinem Kopf rauschte es.

Zugegeben, meinen ersten Kuss hatte ich mir etwas anders vorgestellt, irgendwie romantischer, aber vielleicht würde der zweite dafür umso leidenschaftlicher werden. Ich musste zu Hause unbedingt Küssen üben! Marvin fummelte an seiner Jacke rum und lächelte nervös.

„Unser Date heute Nachmittag steht doch noch, oder?“, fragte er.

„Das fände ich toll“, antwortete ich und in meinem Bauch kribbelte es, als würden Millionen von Schmetterlingen darin herumflattern.

„Bei dir?“, fragte er.

„Lieber nicht. Geht es nicht bei dir?", schlug ich vor, weil ich keine Lust darauf hatte, dass meine Mutter mir meinen womöglich zweiten Kuss mit Kakao, Keksen und peinlichen Bemerkungen versaute.

„Nee", antwortete Marvin. „Meine Mutter hat heute Besuch. Was hältst du davon, wenn wir uns irgendwo in der Stadt treffen?"

„Im Coffeeshop?"

„Besser nicht. Da hängen doch immer Sven und Justin rum."

„Hast du ihnen noch gar nichts erzählt?"

„Noch nicht."

„Okay. Dann schlag was vor."

„Sollen wir uns am Rex-Kino treffen? Wir könnten uns einen Film anschauen."

„Warum nicht?", antwortete ich, weil ich mir sicher war, dass Pärchen so was machten.

„Ist halb fünf für dich okay?"

„Passt perfekt."

„Super", freute sich Marvin und ich freute mich mit. Beide standen wir da wie die Salzsäulen, hielten uns an den Händen und grinsten wie zwei Verkäuferinnen im Shopping-Kanal, die schrottige Puppen an Omas verhökern mussten.

„Ich denke, wir sollten jetzt mal reingehen", sagte Marvin.

„Stimmt", sagte ich, denn auf dem Hof war es schon verdächtig still. Ich ließ widerwillig seine Hände los, drehte mich um und rannte ins Gebäude.

Als ich ins Klassenzimmer kam, hatte der Unterricht schon begonnen. Ich setzte mich schnell hin.

„Wo ist deine Luftpumpe?", flüsterte mir Lore zu.

„Was für eine Luftpumpe?", fragte ich zurück.

Zu Hause war Zirkus. Kaum dass ich den Flur betrat, schnappte mich Mutter und zog mich in die Küche, wo Jette schon lauernd am Tisch saß. Meine Mutter kochte vor Wut. Als ich ihre Stirn sah, wusste ich auch, warum. Zahnpasta klebte an ihren Schläfen, unter ihrem Kinn und auch an und in ihrem Ohr.

Sie drückte mich in einen Stuhl und zeigte auf ihr Gesicht.

„Du weißt, was das ist?", fauchte sie.

Instinktiv wollte ich mich dumm stellen, so tun, als hätte ich keinen Schimmer davon, was sie von mir wollte. Aber ich ließ es bleiben.

„Weißt du, dass ich heute Morgen um ein Haar mit Zahnpasta im Gesicht Jakob zum Kindergarten gebracht hätte?"

„Nein", antwortete ich wahrheitsgemäß.

„Ich sah aus wie ein Clown!"

Es war das Dümmste, was ich tun konnte, aber ich tat es trotzdem, weil ich nicht anders konnte: Ich grinste. Die Vorstellung war aber auch einfach zu witzig! Meine Mutter mit einem Clownsgesicht bringt Jakob in den Kindergarten und trinkt anschließend eine Tasse Kaffee beim feinsten Konditor der Stadt.

„Hör auf zu grinsen, Hannah! Das ist nicht lustig."

„Warum hast du es dir denn nicht einfach abgewaschen?"

„Hab ich ja. Aber weißt du, wie lange es dauert, Zahnpasta aus den Ohren zu bekommen?"

Jette legte den Arm um die Schulter meiner Mutter und sah sie mitfühlend an. Diese Heuchlerin.

„Aber das war ja auch nicht für dich gedacht, sondern für Jette! Wieso gehst du überhaupt an Jettes Zeug?"

„Weil sie es mir angeboten hatte."

Jette, diese hinterhältige Kuh! Ich war mir sicher, dass sie genau gewusst hatte, dass Zahnpasta in dem Döschen war und dass ich einen Höllenärger kriegen würde, wenn meine Mutter Wind davon bekam, dass ich meiner liebreizenden Stiefschwester solche Streiche spielte. Und ihr raffinierter Plan war komplett aufgegangen. Ich war die Böse. Rundherum ansonsten nur Engelchen.

„Und ehrlich gesagt ist es mir auch völlig egal, ob die Zahnpasta für mich oder Jette gedacht war. Nein, ich finde es sogar viel fieser von dir, dass du es auf Jette abgesehen hattest. Schließlich hat es Jette schon schwer genug!"

„Was? Wieso das denn?"

„Weil Jette eine große Veränderung in ihrem Leben hinnehmen musste und nicht du."

„Wer hat denn auf sein Zimmer ..."

„Hör mir doch mit dem blöden Zimmer auf! Du konntest zu Hause wohnen bleiben. Musstest nur eine Etage höher ziehen. Jette muss sich an ein neues Zuhause gewöhnen und nicht du."

Ich verschränkte die Arme vor der Brust und bockte. Kein Wort würde mehr über meine Lippen kommen. Wieso auch? Hier waren sowieso alle gegen mich.

„Du hast Hausarrest! Und kein Besuch. Zwei Wochen", legte meine Mutter das Strafmaß fest.

„Ab morgen?", fragte ich hoffnungsvoll.

„Ab sofort!", bestimmte Mutter. „Und ich hoffe, du nutzt die Zeit, um über dein Verhalten nachzudenken."

Ich wurde blass. Das ging nicht. Ich musste ins Kino!

„Aber ..."

„Nichts aber. Geh hoch in dein Zimmer."

So streng und enttäuscht hatte ich meine Mutter noch nie erlebt. Ich gehorchte ohne Widerworte und schlich die Treppen hoch. In meinem Sessel überlegte ich fieberhaft, wie ich den drohenden Hausarrest noch abwenden konnte. Es fiel mir nichts ein. Alle Trümpfe waren ausgespielt. Nicht mal der Zimmer-Trumpf hatte gezogen. Ich war stinksauer. Zwar sah ich ein, dass meine Aktion mit der Zahnpasta nicht gerade freundlich gewesen war, aber ich hatte den Streit nicht angefangen. Das war Jette gewesen! Erst hatte sie sich mein Zimmer gekrallt und dann hatte sie mich andauernd beleidigt. Sie hatte eine Retourkutsche verdient und nicht auch noch Mitleid. Wenn jemand zu bedauern war, dann ja wohl ich. Schließlich hatte mir meine Patchworkfamilie schon das erste Date vermasselt. Wenn auch unbeabsichtigt. Aber was machte das für einen Unterschied? Und nun musste ich auch noch mein zweites Date absagen und durfte Marvin zwei Wochen lang nicht sehen. Ich bekam Panik. Was, wenn er in diesen zwei Wochen ein anderes Mädchen traf? Eins ohne peinliche Mutter, nervigen Bruder und blöde Stiefschwester. Eins, das seine Kumpels nicht ständig piesackten, eins, das vielleicht nicht so winzig war und auch vom Stil her viel besser zu ihm passte als ich.

Ich durfte ja nicht mal in der Schule zeigen, wie sehr ich ihn mochte. Wegen Lore und wegen Sven und Justin! Wie sollte ich das aushalten? Wie sollte das unsere Freundschaft aushalten? Gar nicht. Ich musste Marvin heute noch sehen und ich musste ihn davon überzeugen, Sven und Justin von uns beiden zu erzählen. Und ich musste Lore endlich sagen, was los war.

Können heimliche Beziehungen funktionieren?

Es mag vorkommen, dass man seinen Freund vor den Eltern lieber geheim halten will, weil man schon vorher genau weiß, dass die ihn nicht ausstehen können oder einen bis auf die Knochen blamieren. So ein Versteckspiel kann funktionieren, ist aber kompliziert. Obwohl Liebe gegen Widerstände schon ein bisschen romantisch ist, würde ich dir davon abraten, deine Eltern an der Nase herumzuführen. Irgendwann fliegt es auf und dann hast du den Salat. Deine Eltern werden sich hintergangen fühlen und dich noch genauer im Auge behalten. Und wenn du richtig Pech hast, werden deine Eltern auch noch zum peinlichen Mittel der Kontrollanrufe greifen. Sie werden deine Freundinnen und, was noch fieser ist, die Eltern deiner Freundinnen anrufen, um dir hinterherzuschnüffeln.

Nahezu unmöglich ist es wiederum, deinen Freund vor deinen Freunden zu verstecken. Dafür benötigst du eine ausgefeilte Planung. Schließlich wollen auch deine Freunde Zeit mit dir verbringen. Du musst deine Freizeit also genauestens einteilen und du musst ebenfalls immer wissen, wo sich deine Freunde gerade aufhalten, wenn du mit deinem Freund unterwegs bist. Sonst werdet ihr euch zwangsläufig über den Weg laufen und dann ist die Katastrophe da. Was wiederum bedeutet, dass für euch die tollen Plätze der Stadt tabu sind.

Drei Orte, an denen ihr euch amüsieren könnt, ohne dass euch deine Freunde über den Weg laufen:

1. In Oma Hettis Häkel- und Strickbude
2. Am Autobahnrastplatz
3. Im Volkshochschulkurs „Georgischer Volkstanz"

Außerdem solltest du dich natürlich fragen, warum du deinen Freund vor deinen Freunden geheim halten willst – oder er dich vor seinen Freunden. Denn normalerweise will man ja der ganzen Welt zeigen (oder zumindest seiner besten Freundin), dass man verliebt ist und in wen.

Es gibt allerdings auch Pärchen, die nur zusammen sind, weil sie optisch so gut zusammenpassen. Oft geht es auch darum, selber besser dazustehen, zum Beispiel, wenn man mit einem besonders coolen oder angesagten Jungen oder Mädchen zusammen ist. Wenn zum Beispiel ein hübsches Mädchen mit einem normal aussehenden Jungen zusammen ist, sieht der Junge auch gleich viel hübscher aus. Und umgekehrt.

Und wer in solch einer Beziehung steckt, wird diese ganz sicher auch nicht heimlich führen wollen.

Aber das Wichtigste: Eine geheime Beziehung ist immer eine unvollständige Beziehung. Wer liebt, sollte zu seiner Liebe und zu seinem Partner stehen. Auch wenn das bedeutet, eventuell ein paar Freunde zu verlieren.

Jette war so ein Mädchen. Mit der waren die Jungs nur zusammen, weil Jette sie aufwertete. Neben Jette sahen sie halt auch gleich viel besser aus. Marvin und ich waren da anders. Erstens war bei uns beiden Marvin die Jette, und zweitens ging es mir nicht darum, durch Marvin hübscher zu wirken. Präsentieren wollte ich ihn allerdings schon.

Zwar war Marvin kein Pokal, den ich gewonnen hatte und nun stolz herumzeigen wollte, aber trotzdem wäre ich am liebsten jubelnd durch die Stadt gerannt – in einem T-Shirt mit blödem Spruch drauf: *Ich habe einen festen Freund! Von wegen, mich kann keiner leiden.*

Dann hätte ich am liebsten noch ein paar TV-Spots geschaltet und ein Flugzeug gemietet, das „Marvin liebt Hannah" mit Nebel in den blauen Himmel sprüht. Und ich fand, dass das auch mein gutes Recht war. Aber dafür musste ich mit ihm reden. Und zwar nicht am Telefon, dafür war mir die Sache zu heikel. Dabei wollte ich ihm ins Gesicht sehen.

Ich beschloss also, mich am späten Nachmittag aus dem Staub zu machen und Marvin vor dem Kino zu treffen.

Ich öffnete mein Fenster. Es war kalt und windig. Regen prasselte mir ins Gesicht. Ich sah in unseren Garten hinunter und begutachtete noch mal unseren Baum. Hier war nichts zu machen. Der einzige Weg führte über die viel zu dünnen, glitschigen Äste. Mir blieb nichts anderes übrig, als durch die Haustür zu entwischen.

Mein Handy klingelte. Lore rief an.

„Hallo, Lore."

Lore hielt sich nicht mit einer Begrüßung auf. Sie legte gleich los: „Thomas will Schluss machen!"

Eigentlich hatte ich genug eigene Probleme, aber Lore klang ruhig und ernst und kein bisschen hysterisch, was mir echt Sorgen machte.

„Schon wieder?"

„Ja."

„Warum?"

„Weil ich seine Mutter beleidigt habe."

„Was hast du gesagt?"

„Nur die Wahrheit."

„Und wie lautet die?"

„Dass seine Mutter eine blöde, eingebildete Zicke ist, die mir überhaupt keine Chance gibt, nur weil ich im Fuck-you-Haus wohne."

„Hm. Manchmal ist es besser, nichts zu sagen, anstatt sich mit der Wahrheit den Mund zu verbrennen."

„Poesiealbumsprüche helfen mir jetzt auch nicht weiter."

„Sorry. Was hat Thomas gesagt?"

„Dass es mir nicht zustehe, seine Familie zu beleidigen."

„Und dann?"

„Dann hat er gesagt, dass das zwischen uns keinen Sinn macht."

„Und dann?“

„Dann ist er gegangen.“

„Mist.“

Ich dachte angestrengt nach, wie ich ihr helfen oder wie ich sie wenigstens trösten könnte. Aber mir fiel nichts ein. Die Situation war echt verfahren. Und ich hatte auch noch so viel Marvin und Hausarrest im Kopf, dass einfach kein Platz für andere Gedanken war.

„Meinst du, du kannst heute vorbeikommen?“, fragte sie und ihre Stimme klang so gar nicht nach Lore. Zerbrechlich war sie wie Porzellan.

„Geht leider nicht. Ich hab Hausarrest.“

„Kann ich vorbeikommen?“

„Nein. Leider nicht. Ich sitz in Isolationshaft. Meine Mutter hat jeden Besuch verboten.“

„Kannst du nicht einfach abhauen? Machst du doch sonst auch immer“, fragte Lore mit dünner Stimme. Sie klang, als würde sie jeden Moment anfangen zu weinen.

„Das geht nicht. Viel zu riskant. Und ich kann jetzt auch nicht mehr aus dem Fenster klettern.“

„Da kann man wohl nichts machen, oder?“

„Nein, leider nicht. Aber ich glaube, dass es eh besser wäre, wenn du alleine mit Thomas reden würdest. In Ruhe.“

„Er geht nicht an sein Telefon.“

„Dann fahr hin.“

„Meinst du?“ Lore war sich unsicher.

„Ja. Unbedingt. Du musst direkt mit ihm sprechen und nicht übers Telefon.“

„Vielleicht hast du Recht.“

„Ganz bestimmt.“

„Gut. Tschüss dann.“

„Tschüss.“

Was war ich nur für eine beste Freundin! Lore brauchte mich und ich erfand irgendwelche Ausreden. Aber irgendwann wich mein schlechtes Gewissen der Angst, Marvin könnte mich in den nächsten vierzehn Tagen einfach vergessen.

Kurz nach fünf Uhr schlenderte ich auf dicken grauen Socken durchs Haus. Ich hatte meine ausgeleierte Jogginghose und ein uraltes, durchlöchertes Sweatshirt an, das früher meinem Vater gehört hatte und mir viel zu groß war. Ich setzte eine Trauermiene auf, um keinen Verdacht zu erregen. Meine richtigen Klamotten hatte ich gut verpackt aus dem Fenster in den Garten geworfen. Meinen schwarzen Lieblingspulli trug ich unter dem Sweatshirtmonster. Mein Plan lautete, von so vielen Personen wie möglich in meinen Schlabberklamotten gesehen zu werden. Alle sollten denken, dass ich mich mit meinem Schicksal als Strafgefangene abgefunden hatte. Nichts sollte darauf hindeuten, dass ich einen Ausbruch plante.

Dann, wenn alle sicher waren, dass ich brav in meinem Zimmer hockte und Trübsal blies, würde ich entwischen, meine Klamotten holen, mich umziehen und zu meiner Verabredung mit Marvin düsen.

Hannes war noch nicht von der Arbeit zurück. David war in seinem Zimmer, Mutter spielte mit Jakob im Wohnzimmer mit Lego und Jette lungerte in der Küche herum und telefonierte sich die Ohren blutig.

Als ich den Kühlschrank öffnete, um mir ein Brot zu schmieren, weil mein Mittagessen ja ausgefallen war, starrte Jette mich drohend an.

„Ich muss aufhören. Ich bin nicht mehr allein", sagte sie und legte auf. „Muss das sein?", fragte sie aggressiv.

„Was?", zischte ich zurück.

„Dass du mich beim Telefonieren störst."

„Sieht das hier aus wie eine Telefonzelle?", fragte ich sie und schepperte extra mit den Gläsern und Flaschen im Kühlschrank rum.

„Du hättest ja auch ein paar Minuten warten können."

„Minuten? Du telefonierst doch immer Stunden."

„Und wenn schon. Es geht dich gar nichts an, wo und wie lange ich telefoniere."

„Und dich geht es nichts an, wann ich Hunger habe und wann nicht. Und außerdem wäre ich gar nicht da, wenn du mich nicht reingelegt hättest."

„Erstens: Woher sollte ich wissen, dass deine Mutter dich einsperrt? Hannes hat uns nie Hausarrest gegeben. Er hält davon nichts", sagte sie. „Und zweitens: selber schuld. Du hast angefangen!"

Ich knallte die Tür des Kühlschranks zu.

„Ich? Ich soll angefangen haben? Das ist lächerlich. Du hast mich aus meinem Zimmer vertrieben."

„Und du hast dich verbarrikadiert und mich beleidigt, anstatt mit mir darüber zu sprechen!"

„Als ob das was gebracht hätte!"

„Vielleicht hätte es ja was gebracht."

Jette lehnte sich zurück und begutachtete ihre makellosen, kein bisschen abgeknabberten Fingernägel. Ihr ruhiger Tonfall brachte mich erst recht zur Weißglut. Denn der, der ruhig bleibt, gewinnt neunundneunzig Prozent aller Streite. Und wenn er nicht gewinnt, wirkt er wenigstens nicht hysterisch.

„Ach komm", antwortete ich so gelassen wie möglich, „wir wissen beide, dass das keinen Unterschied gemacht hätte!"

„Wer weiß, wer weiß", flötete Jette. Sie stand auf, schnappte sich eine Illustrierte, die auf dem Tisch lag, sagte: „Ich gehe jetzt hoch in mein neues, schön großes Zimmer", und ließ mich allein in der Küche stehen.

Ich sah ihr nach, überlegte, ihr hinterherzustürmen und ihr noch mal die Meinung zu geigen, aber das wäre kontraproduktiv gewesen. Schließlich hat es keinen Sinn, einen lautstarken Aufstand zu proben, wenn man eigentlich heimlich aus dem Haus huschen will. Statt ihr also zu folgen und zu schimpfen, ging ich in den Flur, schlüpfte in Mamas Schlappen und schlich aus der Tür. Gerade als ich in den Garten abbiegen wollte, sprach mich jemand an.

„Hannah? Was machst du denn da?“

Ich blieb wie vom Donner gerührt stehen. Mist! Es war Hannes, der gerade von der Arbeit kam. Seine Aktentasche hielt er als Regenschutz über den Kopf. Wusste Hannes eigentlich, dass ich Hausarrest hatte?

„Du hast doch Hausarrest.“

Er wusste es. Wahrscheinlich hatte meine Mutter ihn angerufen und ihm ausführlich ihr schreckliches Leid geklagt, eine so furchtbare Tochter zu haben.

„Müll rausbringen?“, antwortete ich.

„Seit wann bringst du den Müll raus?“

„Hab ich schon oft gemacht“, log ich.

„Wirklich?“ Hannes kratzte sich seinen Dreitagebart.

„Klar!“

Er musterte mich von den Schlappen, den grauen Socken über die hässliche Jogginghose bis zum durchlöcherten Sweater. Gut, dass ich meine Tarnsachen trug.

„Erzähl keinen Quatsch, Hannah. Was wolltest du? Abhauen?“

„Was? Ich? So? In den Klamotten?“ Ich lachte blöd, künstlich, total übertrieben. Wie so eine feine Dame, die einen Witz nicht kapiert, sich das aber nicht anmerken lassen will. „Wie kommst du denn darauf?“

„Na ja, du willst den Müll rausbringen und hast keinen Müll dabei.“

Ich sah runter zu meinen leeren Händen.

„Da habe ich doch den Müll in der Küche stehen lassen.“ Ich schlug mir mit der flachen Hand gegen die Stirn. „Na so was!“

„Na so was“, sagte Hannes trocken. „Sachen gibt's.“

„Lustig, was?“ Ich versuchte irgendwie, nicht ganz so doof dazustehen, und stellte mich deshalb als besonders doof hin. „Ich bin aber manchmal auch ein Schussel.“

Wieder lachte ich blöd, künstlich und total übertrieben und schüttelte dabei den Kopf. Hannes lachte mit.

Merke: Denk dran, dir vorher eine gute Ausrede einfallen zu lassen, falls du beim Abhauen erwischt wirst! Und zwar eine glaubwürdige. „Ich gehe in die Bibliothek, um Goethes Werke auswendig zu lernen" glaubt dir niemand.

„Ja, dann hol ihn mal schnell, den Müll“, schlug Hannes vor. „Wenn du ihn dann rausbringst, bin ich im Bad und kann dich nicht dabei beobachten. Aber ich denke, du weißt schon ganz genau, was du tust.“

„Natürlich … klar …“, stotterte ich verblüfft. Wollte Hannes mir helfen?

„Na denn.“ Hannes lief im Zickzack um die Pfützen herum zur Haustür. Ich folgte ihm. Und während Hannes seine Jacke auszog, holte ich die nahezu leere Mülltüte aus der Küche.

„Zieh dir eine Jacke an, damit du dich auf dem Weg zur Mülltonne nicht erkältest“, sagte Hannes und zwinkerte mir zu.

„Mach ich.“

Dann war ich wieder draußen. Hannes war echt in Ordnung und ich echt total verblüfft, wie sehr in Ordnung er war. Erst nach ein paar Sekunden schüttelte ich mein Erstaunen ab, warf den Müll in die Tonne und lief, so schnell wie in zu weiten Schlappen möglich, in den Garten und suchte meine Tüte. Sie lag direkt neben dem Pflaumenbaum. Gott sei Dank war nichts herausgefallen. Meine Klamotten zum Wechseln waren noch trocken.

Eilig zog ich mich in unserem Gartenhäuschen um und hing die nassen Klamotten auf, die ich ja später wieder tragen musste. Dann kletterte ich über den Zaun. Das schien mir der sicherste Weg zu sein, um nicht noch mal erwischt zu werden.

Marvin wartete vor dem Kino auf mich. Er hatte seine Kapuze übergezogen und die Hände steckten in den Hosentaschen.

Als er mich kommen sah, lief Marvin mir entgegen.

„Da bist du ja", sagte er fröhlich. „Sollen wir gleich reingehen? Mir ist saukalt."

„Klar." Ich hakte mich bei ihm ein und wir schlenderten ins Kino. Ich genoss jeden Schritt. Normalerweise hing mir maximal eine hässliche Tasche am Arm und kein gut aussehender Junge, wenn ich ins Kino ging. Im Foyer sahen wir uns die Plakate der Filme an, die wir uns anschauen konnten. Marvin wollte unbedingt in einen Actionfilm, während mir eher was Romantisches vorschwebte. Wir einigten uns schließlich auf eine romantische Komödie über ein Paar, das sich zwar liebte, aber irgendwie nicht zueinanderfinden konnte, weil beide extrem unterschiedliche Leben lebten. Ein bisschen wie bei uns, fand ich, und hoffte, dass der Film ein grandioses Happy End hatte. Und sie liebten sich bis an ihr Lebensende.

Der erste gemeinsame Kinobesuch und die Wahl des richtigen Films:

1. Tragische Liebesschnulzen eignen sich, wenn du herausfinden willst, wie sehr er dich mag. Denn er wird den Film hassen und nur deinetwegen reingehen.
2. Romantische Komödien klären folgende Fragen: Hat er auch eine sensible Seite? Habt ihr den gleichen Humor?
3. Horrorfilme zeigen, ob er ein guter Beschützer ist. Hat er mehr Angst als du oder beruhigt er dich, ohne sich über dich lustig zu machen?

Wir reihten uns in die Schlange der Wartenden vor dem Ticketschalter ein. Ich nahm mir vor, ab sofort jeden Moment aufzusaugen wie ein Schwamm. Schließlich war das der erste Kinobesuch mit meinem ersten Freund. Ein Meilenstein! Ein unfertiger allerdings. Denn als wir endlich vor dem Kassierer standen, war der Film, den wir sehen wollten, bereits ausverkauft.

„Und nun?", fragte Marvin und sah sehnsüchtig auf ein Filmplakat, auf dem ordentlich große Explosionen und ein muskelbepackter Schauspieler mit ausdrucksloser Miene und ausdrucksstarkem Maschinengewehr zu sehen waren.

„Wann läuft der Film das nächste Mal?", fragte ich durch die kleine Öffnung der Glasscheibe hindurch.

„Zwanzig Uhr“, antwortete der Kassierer.

„Was meinst du? Sollen wir uns jetzt schon mal Karten kaufen und dann um zwanzig Uhr zurückkommen?“, fragte ich Marvin, der etwas zauderte.

„Hm. Okay. Aber dann muss ich nach dem Film sofort nach Hause. Sonst dreht mir meine Mutter den Hals um.“

Für mich war das kein Problem. Meine Mutter würde mir so oder so den Hals umdrehen, egal ob ich in fünf Minuten oder in fünf Jahren wieder zu Hause auftauchte.

„Okay, dann hätten wir gern zwei Tickets für zwanzig Uhr, bitte“, sagte ich und zog mein Portmonee aus der Jacke.

„Lass stecken“, unterbrach mich Marvin und drückte sich an mir vorbei. „Das erledige ich.“ Er fummelte einen zusammengefalteten 50-Euro-Schein aus der Hosentasche und klatschte ihn auf den kleinen Tresen des Ticketschalters.

„Zwei Karten, bitte.“

Es gefiel mir außerordentlich, von ihm eingeladen zu werden, und das musste ich mit der Welt teilen. Ich drehte mich zu einem etwa dreißigjährigen Mann um, der hinter uns in der Reihe stand.

„Das ist mein Freund“, sagte ich.

„Selber schuld“, antwortete der.

Draußen vor dem Kino beratschlagten Marvin und ich, wie wir die Zeit bis zum Start des Films verbringen könnten.

„Sollen wir was essen gehen?“, fragte er.

„Gute Idee. Mir hängt der Magen schon in den Kniekehlen.“

„Ein Stück die Straße runter ist ein ganz guter Chinese. Da war ich mal mit meinen Eltern. Magst du chinesisches Essen?“

„Logisch.“

Die meisten chinesischen Restaurants sehen gleich aus. Als ob man die von der Stange kaufen könnte. Rot, plüschig, komische Lampen und neben dem Eingang ein Aquarium, in dem bunte Fische schwimmen, die darauf hinweisen, welche Mafia hier Schutzgeld abkassiert. Zumindest hatte das mein Vater immer behauptet.

In dem Restaurant, das Marvin vorgeschlagen hatte, kämpfte folkloristische Musik gegen den Lärm der Gäste an. Fast alle Tische waren besetzt und die Kellner wieselten flink mit Tellern und Tabletts voller Getränke durch den Laden. Nur ganz vorne direkt am Fenster war noch ein kleiner Tisch frei. Wir setzten uns und studierten die ausgelegten Speisekarten. Das machte ich immer, obwohl ich schon vorher wusste, was ich bestellen würde. Aber direkt zu bestellen, ohne das Angebot wenigstens mal zum Schein durchgeblättert zu haben, kam mir komisch vor. Marvin sollte ja nicht denken, ich würde immer das Gleiche futtern und nie was Neues ausprobieren.

„Was der Bauer nicht kennt, das frisst er nicht“, sagte meine Oma immer, wenn Opa sich weigerte, so etwas Verrücktes wie Gemüse oder Reis zu essen. Trotzdem bestellte ich wie immer Ente süßsauer mit Ananas und eine Cola. Marvin entschied sich für gebratene Nudeln mit Hühnchen und eine Limonade dazu. Der Kellner notierte sich alles, nahm uns die Speisekarten ab und verschwand in der Küche. Wir sahen aus dem Fenster. Menschen eilten die Straße rauf und runter. Mit Schals um den Hals und hochgeschlagenen Kragen. Unser Atem ließ die Scheibe beschlagen und ich unterdrückte meinen Drang, ein kitschiges Herzchen auf das Fenster zu zeichnen. M + H.

Merke: Kitsch kann auf Jungs einschüchternd oder abschreckend wirken. Warte also lieber ein bisschen damit, Herzchen mit euren Initialen zu malen, ihm tausend Rosen zu schenken oder vor seinem Fenster auf einem Pferd sitzend Liebeslieder zu schmettern.

„Mann, bin ich froh, wenn der Winter rum ist."

„Ich auch", sagte Marvin. „Dabei hat er noch nicht mal richtig angefangen."

„Und trotzdem hängt er mir jetzt schon zum Hals raus."

„Wenn es wenigstens schneien würde." Marvin sah sehnsüchtig zum Himmel.

„Das wäre toll. Ich mag Schnee. Die ganze Stadt sieht in Weiß viel schöner aus als in Grau", sagte ich.

„Fährst du Ski oder Snowboard?", wollte Marvin wissen.

„Nee. Leider nicht. Du?"

„Ja. Wir fahren immer zwei Wochen über Weihnachten in die Berge."

„Du und deine Eltern?"

„Ja", erzählte Marvin. „Nach Österreich. Ich, meine Eltern und Justin und Sven mit ihren."

Nachdem die Namen seiner beiden Freunde gefallen waren, verstummte er und begutachtete nervös noch mal die

Speisekarte. Ich fand es alles andere als schön, dass Marvin offensichtlich nicht mal die Ferien ohne Sven und Justin verbringen konnte. Immerhin hingen die drei ja schon auf dem Schulhof und am Nachmittag zusammen rum! Und anscheinend waren auch die Eltern der drei dicke Freunde. Ich hatte einen Kloß im Hals.

„Hast du den beiden …"

„Ja, habe ich."

„Gut", sagte ich und hoffte, dass Marvin mir gleich erzählen würde, wie cool die beiden darauf reagiert hatten, dass wir … na ja … dass Marvin und ich ein Paar waren. Waren wir doch, oder? Marvin blieb stumm.

„Und, was haben sie gesagt?", drängelte ich.

Ich sah Marvin direkt in die Augen. Der senkte erst den Blick und starrte dann nach draußen.

„Begeistert waren sie nicht."

„Dachte ich mir."

„Aber was soll's!" Marvin klatschte die Hände auf den Tisch. „Die werden sich schon dran gewöhnen. Früher oder später."

Ich nickte nur.

„Wir lassen uns von den beiden doch nicht den Nachmittag verderben, oder?", sagte er, legte seine Hand auf meine rechte und lächelte.

„Nee. Das machen wir wirklich nicht." Ich lehnte mich nach vorne und nahm seine freie Hand. So saßen wir eine ganze Weile da. Schwiegen und genossen, bis die Getränke kamen.

„Cola?", fragte der Kellner.

„Für mich", sagte ich und zog blitzschnell meine Hände zurück. Irgendwie fühlte ich mich ertappt, dabei hatte ich ja gar nichts Schlimmes getan. Der Kellner verzog keine Miene. Er legte routiniert zwei Bierdeckel auf den Tisch und platzierte die Gläser darauf.

„Danke", sagte ich und nahm einen Schluck.

„Essen kommt auch gleich", verkündete der Kellner und verschwand so schnell, wie er aufgetaucht war.

„Was haben sie denn nun gesagt?", wollte ich von Marvin wissen.

„Ach, die üblichen Sprüche. Du kannst es dir denken."

Konnte ich. Leider.

„Lass uns über was anderes reden", schlug ich vor. „Fährst du gut Ski?"

„Geht so. Snowboarden kann ich besser."

„Das würde ich unglaublich gerne mal ausprobieren."

„Können wir machen."

„Wir zusammen?"

„Klar. Ich bring dir das bei. Ist überhaupt kein Problem."

„Ach, ich weiß nicht. Nachher stelle ich mich total blöd an", zauderte ich rum, damit er mich überreden konnte.

Vor meinem inneren Auge sah ich uns schon auf der Piste stehen, sah ihn seine Hände um meine Hüften schlingen und uns zusammen den Hang hinunterschlittern. Ich sah, wie ich stürzte, ihn mitriss und wie wir zusammen im Schnee lagen und lachten.

„Blödsinn! Du kriegst das auf alle Fälle hin. Es gibt doch hier die Skihalle. Da könnten wir mal gemeinsam hinfahren."

„Ente süßsauer?"

Ich erschrak. Der Kellner hatte sich wieder lautlos an unseren Tisch gebeamt. Er hielt lächelnd zwei Teller in der rechten Hand. Das Essen dampfte.

„Hier. Für mich", sagte ich und der Kellner stellte uns das Essen vor die Nase.

„Guten Appetit", sagte er und ging.

Während des Essens führte mich Marvin in die Theorie des Snowboardens ein. Wie man sich hinzustellen hatte, was man für eine Ausrüstung brauchte und wo ich mir die ausleihen konnte. Die Selbstverständlichkeit, mit der wir zusammensaßen, etwas Leckeres futterten und uns über Wintersport unterhielten, fand ich wunderschön. Wir waren ein ganz normales Paar. Eines wie all die anderen, die gerade hier im Restaurant saßen und die ich die ganze Zeit aus den Augenwinkeln beobachtete, um mir abzuschauen, was man als ganz normales Paar in einem Restaurant so machte.

Die Pärchen sahen sich verliebt an, flüsterten sich etwas zu, scherzten und manche fütterten sich gegenseitig. Sollten wir das auch tun? Ich entschied mich dagegen. Dafür war ich zu nervös. Nachher würde ich ihm noch mit zittrigen Fingern die Gabel ins Auge stechen. Und so eine Gabel im Auge ist ja definitiv nicht romantisch.

Drei Dinge, die du bei einem romantischen Essen nicht tun solltest:

1. Ihm beim Füttern die Gabel ins Auge piksen.
2. Schmatzen und rülpsen.
3. Den Kellner anschreien (ein Hobby meiner Oma).

Nachdem wir aufgegessen hatten, brachte der lautlose Kellner die Rechnung auf einem kleinen, goldenen Tellerchen, auf dem auch noch zwei Kekse lagen. Marvin bezahlte wieder und reichte mir einen Keks, den ich sofort verspeiste.

Marvin beobachtete mich fassungslos.

„Äh … das war ein Glückskeks. Und da war ein Zettel drin. Und den nimmt man eigentlich vorher raus!“, rief er und amüsierte sich prächtig über meine Dusseligkeit. Lachtränen liefen ihm die Wangen hinunter. Aber mir war alles andere als zum Lachen zumute. Eher zum Heulen. Auf dem blöden Zettel, der gerade in meinem Magen lag, stand bestimmt: *Wenn du dich heimlich mit jemandem triffst, setz dich nicht ans Fenster, du Esel!*

Vor dem Fenster stand Lore und sie guckte ebenso entgeistert wie ich. Durch die beschlagene Scheibe sah sie aus wie ein Gespenst. Ein Lore-Gespenst. Irgendwie so unecht. Sie lief weg. Erstarrt sah ich ihr nach, solange ich konnte.

„Oh mein Gott!“, stöhnte ich. „Das darf doch nicht wahr sein!“

Ich sprang auf.

„Was hast du?“, fragte Marvin, der sich seine Tränen wegwischte und vom eigentlichen Drama nichts mitbekommen hatte.

„Lore!“, ächzte ich.

Marvin sah mich fragend an.

„Lore war da. Sie hat uns gesehen."

Marvin sah sich um. „Wo?"

„Draußen. Sie stand draußen. Sie ist weggelaufen."

Ich riss meine Jacke von der Stuhllehne.

„Ich muss ihr hinterher!"

„Moment! Ich komm mit!"

Aus den Augenwinkeln sah ich, dass Marvin hektisch sein Wechselgeld einsteckte und sich seine Jacke schnappte. Dann stürmte ich schon aus dem Restaurant und rannte, so schnell ich konnte, die Straße hinunter. Weit hinter mir hörte ich Marvin etwas brüllen, aber ich konnte nicht verstehen, was. Ich bog in die Hauptstraße ab.

Wie Slalomstangen umkurvte ich alle, die mir entgegenkamen. Die kalte Luft brannte in meiner Lunge und meine Augen tränten. Ungefähr fünfzig Meter vor mir sah ich endlich Lore. Sie marschierte schnurstracks zur U-Bahn-Haltestelle.

„Lore, warte!", schrie ich so laut, dass mir fast die Stimmbänder rissen.

Sie drehte sich um, sah mich und rannte wieder los. Hinter mir keuchte Marvin. Er hatte mich fast eingeholt, war aber schon völlig aus der Puste.

Ich gab noch mal Gas, holte alles aus mir raus, schüttelte Marvin ab und erreichte die Treppen zur U-Bahn. Unten sah ich Lore in Richtung Bahnsteig verschwinden. Ich hielt mich mit einer Hand am Geländer fest und stürmte die Treppen mit Riesensprüngen hinunter. Passanten wichen aufgeschreckt zur Seite.

„Ich muss durch! Sorry! Platz da! Lassen Sie mich durch!", rief ich aufgeregt, während die Leute aus dem Weg sprangen und fluchten.

Die Beschimpfungen perlten an mir ab. Ich hoffte nur, dass die Bahn nicht gerade jetzt einlief und Lore damit abhauen konnte.

Unten auf dem Bahnsteig sah ich, wie Lore hektisch den Fahrplan absuchte und immer wieder hoch zur Bahnhofsuhr schaute. Kurz bevor ich bei ihr war, bremste ich meinen Lauf. Ich wollte sie ja nicht verscheuchen.

„Lore, bitte ...", sagte ich. „Ich muss mit dir reden."

Ihr Gesicht war vor Wut und Enttäuschung verzerrt. Ihre Wangen waren gerötet. Sie keuchte.

„Ich aber nicht mit dir!", fauchte sie.

Lore ließ mich stehen. Sie setzte sich einige Meter entfernt auf eine Bank, schnappte sich die Zeitung, die neben ihr lag, und blätterte demonstrativ darin herum. Ich folgte ihr vorsichtig.

„Hau ab!", begrüßte sie mich, als ich mich neben sie setzen wollte. Ich setzte mich trotzdem hin. Ganz an den Rand. So nah wie möglich und so weit weg wie nötig. Ich sah auf meine Beine, hielt den Kopf gesenkt. Mein schlechtes Gewissen drückte mich nieder.

„Lore, es tut mir leid."

„Interessiert mich nicht!"

Mittlerweile war auch Marvin angekommen. Er keuchte wie eine kalbende Kuh. Er hatte weiße Flecken in seinem knallroten Gesicht. Wäre er nur ein paar Meter weiter gesprintet, wäre er wohl in Ohnmacht gefallen.

„Ich hatte Angst, dass du mir Marvin ausreden könntest", versuchte ich mich an einer Erklärung.

„Und warum sollte ich das tun?", brummte Lore.

„Weil es Marvin ist. Das Arschloch."

„Hallo! Ich … bin … auch … noch … da", schnaufte Marvin.

Wir ignorierten ihn.

„Wenn du mit einem Arschloch glücklich werden kannst, dann würde ich dich niemals daran hindern."

„Trage ich eine Tarnkappe? Hallo!?", protestierte Marvin schlapp. „Ich bin kein Arschloch!"

Lore sah ihn an. „Du vielleicht nicht, sie aber hundertprozentig."

Prima. Jetzt hatte ich zumindest Marvin mit meiner ehemals besten Freundin versöhnt. Dann sah sie mich an. Nicht mehr hasserfüllt, aber kalt.

„Weißt du, ich hätte dich heute echt …"

Lore brach ab und drehte sich weg.

„Marvin, kannst du uns mal alleine lassen?“, fragte ich vorsichtig. Oh Mann, das war unser zweites Date und zum zweiten Mal schickte ich ihn weg, weil mein bekloppptes Leben nicht darauf eingestellt war, dass ich, Hannah Eislage, Zwerg und blöde Kuh, plötzlich einen Freund hatte.

Marvin sah alles andere als glücklich aus, aber er ging, ohne ein Wort zu sagen.

„Na super. Jetzt ist der auch noch sauer“, grummelte ich.

„Selber schuld.“

„Ich weiß.“

Ein Zug fuhr ein. Es war die Linie 5. Menschen quollen aus den Waggons, fluteten den Bahnsteig und verschwanden über die Treppen ins Freie.

„Was wolltest du sagen? Eben, meine ich“, fragte ich Lore.

„Ich hätte heute echt eine gute Freundin gebrauchen können, aber …“

„Ich weiß.“

„Unterbrich mich nicht!“

„Entschuldigung.“

„Aber dass du mich angelogen hast, ist das Schlimmste. Du hättest es mir sagen müssen. Das mit Marvin und dir. Wir sind beste Freundinnen!“

Sie sagte sind! Wir *sind* beste Freundinnen. Nicht *waren* beste Freundinnen. Mir fielen Millionen Steine von der Seele.

„Es tut mir leid“, flüsterte ich. „Marvin ist der erste Junge, der mich mag. Und das nicht nur als Kumpel. Und irgendwie drehe ich deswegen ganz schön am Rad. Ich erkenne mich ja selbst kaum wieder.“

Abermals drangen die Geräusche einer einfahrenden Bahn zu uns. Ich sah hoch zur Anzeigetafel. Das musste die Linie 4 sein. Lores Bahn. Lore sagte nichts.

„Meinst du, du kannst mir verzeihen?“, fragte ich leise.

Lore sah weiterhin geradeaus. Konzentriert, mit zu Schlitzen verengten Augen, so als versuchte sie, auf der anderen Seite des Bahnsteigs jemanden zu erkennen. Die Bremsen der Bahn quietschten und die Linie 4 kam zum Stehen. Zischend öffneten sich die Türen. Menschen stiegen aus und Lore erhob sich.

„Ich weiß es noch nicht. Ich muss darüber nachdenken.“

„Ich verstehe.“

Ich fühlte mich beschissen, wie gefesselt, gefangen in einem tiefen Loch, in dem man oben nur ganz schwach und klein den blauen Himmel sehen konnte. Weil mir nichts anderes übrig blieb als abzuwarten, ob Lore überhaupt noch meine Freundin sein wollte. Ohne ein weiteres Wort zu sagen oder mir einen Blick zu schenken, verschwand Lore in der Bahn und warf sich auf den nächstbesten freien Platz. Die Türen schlossen sich und die Bahn fuhr ab. Ich blieb noch gut zwanzig Minuten sitzen. Irgendwelche Leute strömten an mir vorbei. Sie stiegen aus Zügen oder betraten sie. Sie lachten, rannten, schlurften, tranken Bier aus Flaschen – während ich am Rand des Trubels saß und alles beobachtete wie einen Film, in dem ich keine Hauptrolle spielte.

Ich hatte mir die Decke über den Kopf gezogen. Mein Handy lag neben mir im Bett, der Laptop mit gestartetem Facebook lag auf meinem Bauch. Ich wartete auf eine Nachricht von Lore, während meine Mutter im Zimmer stand und herumzeterte, ohne eine Sekunde Luft zu holen. Aber ich hörte ihr gar nicht zu. Das Einzige, was ich mitbekommen hatte, war das übliche „undankbare Tochter“ und das etwas seltenere „zwei Monate Hausarrest“. Türen knallend ging sie. Ich blieb liegen und wartete weiter.

Irgendwann später stand dann Hannes bei mir im Zimmer. Auch er redete auf mich ein, aber immerhin versprach er mir, bei meiner Mutter ein gutes Wort für mich einzulegen.

„Das kommt schon wieder in Ordnung!“, sagte er noch. Dann war er weg. Ich rührte mich nicht, blieb einfach liegen, bis ich eingeschlafen war. Lore hatte sich nicht gemeldet. Marvin auch nicht.

Merke: Bescheiß deine beste Freundin nicht!
Sie ist das Wichtigste!!!

Es gibt Tage, da finde ich alles lustig. Die albernsten Witze, die peinlichsten Geschichten, sogar Gunnar Töft, genannt Töfte, den schlechtesten Klassenclown, seit es Schulen gibt. Und dann gibt es Tage, da finde ich nichts lustig. Gar nichts. Alles ist großer Mist und zum Heulen. So ein Tag drohte dieser zu werden.

Auf dem Schulhof wusste ich nicht, wohin mit mir. Sollte ich Marvin und Lore schon an den Fahrradständern abfangen oder lieber woanders auf sie warten? Ihnen Platz bieten, mir aus dem Weg zu gehen oder Anlauf zu nehmen, um mir stürmisch um den Hals zu fallen, so wie man es in Filmen oft sieht. Wo sich zwei Menschen vor Liebe fast über den Haufen rennen, nur weil sie keine Sekunde länger warten können, sich zu umarmen, zu küssen oder sich wieder zu versöhnen.

Letzte Nacht war mir auf einmal klar geworden, dass ich wahrscheinlich die beiden wichtigsten Menschen in meinem Leben auf einen Schlag verloren hatte. Denn wer sagte denn, dass Marvin mich noch wollte? Wir hatten zwei Dates gehabt und beide hatten damit geendet, dass ich einem Menschen wehgetan und ihn weggeschickt hatte. Normal war so was ja nicht.

Als Erstes trudelten Sven und Justin ein. Als sie an mir vorbeimarschierten, zischten sie mir Drohungen zu. Aber ich hörte nicht so genau hin, denn hinter ihnen sah ich Marvin kommen. Er hatte seine Tasche über die Schulter geworfen, die Hände mal wieder in den Hosentaschen vergraben und schlurfte zu mir.

Als er vor mir stehen blieb, wusste ich nicht, was zu tun war. Sollte ich ihn berühren oder umarmen? Seine Hände nehmen? Ich war ein Schwarm Bienen, den man in ein Glas gesperrt hatte. Es kribbelte überall und es fiel mir extrem schwer, einfach nur so dazustehen, ohne was zu machen.

„Wie geht es dir?“, fragte er und ein Lächeln huschte über sein hübsches Gesicht.

„Gut, ganz gut“, log ich.

„Wie ging es gestern mit euch beiden weiter?“

„Sie muss nachdenken.“

„Kein Wunder, oder?“, sagte Marvin und ich nickte dem Boden zu.

„Kommst du endlich?“, schrie Justin vom Haupteingang. Marvin streichelte meine Schulter. Kurz und hektisch, als wäre das etwas Falsches.

„Das wird schon. Kopf hoch“, sagte er noch, bevor er zu seinen Freunden lief. Das wird schon. Alles wird gut. Blablabla.

Ich setzte mich auf die Stufen unserer Aula, einem Nebengebäude, in dem Veranstaltungen stattfanden und der Schulchor probte. Der Schulgong forderte uns auf, unverzüglich die Klassenräume aufzusuchen. Ich blieb sitzen und wartete weiter. Lore kam nicht. Wahrscheinlich saß sie schon im Unterricht. Ich sah auf meinem Handy nach, ob sie mir vielleicht eine SMS geschickt hatte. Irgendwas Erlösendes:

Es ist alles in Ordnung. Ich habe dir verziehen. <3

Aber mein SMS-Eingang war leer. Es war 8:15 Uhr. Ich musste zu Bio.

Frau Berscheidt, unsere Bio-Lehrerin, applaudierte mir höhnisch, dass ich es doch noch in den Unterricht geschafft hatte. Die Klasse lachte. Nur Lore lachte nicht mit. Sie guckte ernst und würdigte mich keines Blickes. Offenbar hatte ich sie draußen verpasst. Sie saß neben Jutta, dem zweitunbeliebtesten Mädchen der Klasse, die ihr Glück kaum fassen konnte, dass sich mal jemand neben sie gesetzt hatte. Der Platz neben meinem war verwaist. Lore hatte sich einen neuen gesucht. Weit weg von mir.

Eigentlich mochte ich Bio sehr. Es war eines der wenigen Fächer, in dem ich im oberen Drittel unserer Klasse locker mitspielen konnte. Ich war keine überragende Schülerin, aber alles andere als eine schlechte. Doch heute konnte ich dem Unterricht nicht folgen und wollte es auch gar nicht. Die menschliche Atmung konnte mich mal. Ich spürte am eigenen Leib, dass sie nicht sonderlich gut funktionierte, wenn einem eine Last auf der Brust drückte.

Lore sah während des Unterrichts nicht einmal zu mir rüber. Sie passte auf, notierte sich, was Frau Berscheidt auf die Tafel schrieb, in ihren Block und beteiligte sich sogar am Unterricht. So was tat sie sonst nie. Entweder wollte sie demonstrieren, dass es ihr prima ging, oder sie versuchte nur so zu tun, als ob sie mich abgehakt und damit keinerlei Probleme hatte. So oder so, ihr Signal war klar: *Lass mich in Ruhe.*

Und das tat ich auch. In der großen Pause blieb ich allein. Auch Marvin fand es wohl spannender, mit Sven und Justin Faxen zu machen als mit mir Trauerkloß abzuhängen.

Nach Bio stand Sport an. Und da eh niemand mit mir reden wollte, setzte ich mich frühzeitig zur Turnhalle ab und hockte mich auf das Geländer des Sportplatzes. Ein paar Jogger rannten an mir vorbei und schwitzten ihre teuren Hightech-Sportklamotten voll. Manche hatten einen Kopfhörer auf und andere schauten ständig auf ihre Pulsuhr. Alles muss ja heutzutage perfekt sein. Sogar der Herzschlag. Ich saß einfach nur da und wünschte mir, dass sich einer der Jogger direkt vor mir auf die Nase legte.

Nach einer deprimierenden Sportstunde, in der unser Lehrer uns mit Volleyball gequält und ich demonstrativ Jutta in meine Mannschaft gewählt hatte, weil Lore mich immer noch ignorierte, humpelte ich in die Umkleidekabine. Die Krise zwischen Lore und mir war längst zum Gesprächsstoff der Klasse geworden. Wie immer ließ ich den anderen Mädels den Vortritt, bevor ich selbst unter die Dusche schlüpfte.

Ich hatte mich gerade eingeseift, als ich etwas hörte. Schritte.

„Hallo?“, rief ich. Keine Antwort. Aber jemand war in der Umkleidekabine zugange. Ich hörte, wie Sachen zusammengerafft wurden und jemand kicherte. Ich stellte das Wasser ab, wickelte mich in mein Handtuch und sah nach. Mich traf fast der Schlag. Sven und Justin! Justin hielt meine Klamotten in der Hand, während Sven ein Foto von mir schoss.

„Das ist dafür, dass du fiese Hexe dich an Marvin rangeschmissen hast!“

Ich stürzte los und versuchte, mir meine Kleidung zurückzuholen, aber es gelang mir nicht. Ich hatte nur eine Hand frei, weil ich mit der anderen mein Handtuch festhalten musste.

„Gib meine Sachen wieder!“

„Vergiss es!“, antwortete Justin lachend.

„Das ist eine Warnung“, zischte Sven. „Wenn du Marvin auch nur noch einmal ansiehst, war das erst der Anfang. Hast du verstanden?“

„Verpisst euch!“, schrie ich und heulte gleichzeitig.

Sven und Justin liefen mit meinen Klamotten unter dem Arm aus der Kabine. Ich sackte auf den Boden. Was sollte ich tun? Nur im Handtuch bekleidet zur Schule gehen oder nach Hause? Das war doch Wahnsinn. Ich sah mich in der Kabine um, durchsuchte sämtliche Spinde, um etwas zum Anziehen zu finden. Es war nichts da. Das Shampoo lief mir in die Augen und brannte. Ich musste mich abduschen.

Meine Tränen vermischten sich mit dem warmen Wasser, bevor sie kreiselnd im Ausguss verschwanden. Ich hockte im warmen Regen der Dusche und zitterte vor Wut und Scham. Ich wollte nicht mehr aufstehen. Nie mehr. Ich würde die Schule wechseln. Wegziehen oder sonst was.

„Hallo?“, hörte ich eine Stimme. „Hannah?“ Das war Jette. Ausgerechnet Jette. Ich schniefte, rieb mir übers Gesicht und stand auf.

„Was willst du?“, rief ich zurück. Ich wollte nicht, dass Jette sah, wie schwach und klein ich mich fühlte.

Sie steckte ihren Kopf durch die Tür.

„Alles in Ordnung bei dir?“

„Klar. Was soll schon sein? Alles ist in Ordnung“, sagte ich und meine Stimme zitterte.

„Ich hab hier was für dich.“ Jette reichte mir meine Klamotten in die Dusche. Ich traute meinen Augen kaum.

„Die habe ich den beiden Idioten draußen vor der Tür abgenommen. Ich hab gleich gesehen, dass das deine sind.“ Jette grinste. „Dein Geschmack ist ja, sagen wir mal, einmalig.“ Wieder huschte ihr ein Lächeln übers Gesicht.

„Und die haben die dir einfach so gegeben?“, fragte ich ungläubig.

„Wenn ein Mädchen wie ich ein Machtwort spricht, sind solche Flitzpiepen im Nu so klein mit Hut“, erklärte Jette bescheiden wie immer. Dann gab sie mir mein Handtuch.

„Das Handy hast du Sven nicht zufällig auch noch abgenommen?“

„Wieso sollte ich?“, fragte Jette.

Ich dachte einen Moment darüber nach, ob es klug war, mich ihr zu offenbaren. Nachher lachte sie mich noch aus. Das würde ich nicht überstehen.

„Sven hat ein Foto von mir gemacht.“

„Nackt?“, schrie Jette entsetzt auf.

„Nee. Im Handtuch.“

„Schlimm genug! Los, zieh dich an. Die können sich auf was gefasst machen!“ Ihr engelsgleiches Gesicht war vor Abscheu verzerrt.

„Das hat keinen Sinn. Die haben doch das Foto.“ Ich fühlte mich klein. So winzig, unbedeutend und schwach wie noch nie in meinem Leben.

„Oooh, nicht mehr lange, Hannah. Wenn ich mit denen fertig bin, werden sie froh sein, wenn sie noch ihre Hosen haben!“

Ich musste lachen. Jette tänzelte hin und her wie ein Boxer. Ihr Tatendrang war irgendwie ansteckend. Ich zog mich in Rekordzeit an, rubbelte kurz meine Haare trocken und dann rannten wir zurück zur Schule. Die würden jetzt was erleben, dachte ich. Die würden mich und meine Schwester kennenlernen.

Auf dem Schulhof fanden wir Sven, Justin und Marvin. Sven wedelte mit seinem Telefon vor Marvins Gesicht rum. Der versuchte, nach dem Handy zu schnappen, aber Sven war jedes Mal schneller und Marvin griff ins Leere. Dann lachten alle. Sogar Marvin.

„Da sind sie“, zischte Jette. „Die können was erleben.“

Sofort marschierte sie los und ich hinterher.

„Hey, gib mir dein Handy, Sven.“

Verdutzt unterbrachen die drei ihr albernes Spiel.

„Warum sollte ich?“, fragte Sven überheblich.

„Gib mir dein Scheißhandy, damit ich das Foto löschen kann.“

„Welches Foto meinst du?“, stellte sich Sven dumm.

„Du weißt, welches ich meine. Her damit.“

„Bitte.“ Sven hielt Jette sein Handy vor die Nase. Die schnappte danach wie zuvor Marvin und auch ihr Griff ging ins Leere.

Wieder beömmelten sich die beiden Idioten, während Marvin dumm danebenstand und weder etwas sagte noch etwas unternahm. Ich konnte nicht fassen, wie feige er war.

Auf einmal flog Sven zu Boden und an der Stelle, wo er eben noch gestanden hatte, stand nun Lore. Wir alle verstummten. Die Hände in die Hüften gestemmt sah Lore aus wie eine Rachegöttin aus dem Comic.

Svens Handy schlitterte über den Boden und blieb vor Justin liegen. Doch noch bevor er es aufheben konnte, trat Jette drauf. Und dann Lore. So fest, wie es ging.

„Ups! Ich glaube, ich bin aus Versehen auf dein Handy getreten. Ich hoffe, es ist nicht kaputt", sagte Lore und schlug sich theatralisch die Hand vor den Mund.

Ich kringelte mich vor Lachen. Sven sah das und rappelte sich auf. Er kochte vor Wut.

„Na warte …"

Sofort stürmte er auf mich zu. Er hob seinen Arm und wollte mir eine scheuern. Doch schon in der nächsten Sekunde bauten sich Jette und Lore neben mir auf und nahezu im Gleichschritt gingen wir ihm entgegen. Sven wich zurück.

„Wage es nicht!", drohte Lore.

Marvin und Justin zogen Sven von uns weg.

„Lass uns abhauen. Das bringt doch nichts", versuchte Marvin, Sven zu beruhigen.

Wir drei beobachteten den Rückzug und lachten. Das Spiel hatten wir gewonnen. Lore hob das zertrümmerte Handy auf und begutachtete es.

„Das ist hin", sagte sie voller Genugtuung.

„Und das Foto auch", sagte Jette. „Aber lasst uns auf Nummer sicher gehen." Sie nahm das Handy, warf es auf den Boden und wir traten so lange darauf rum, bis nur noch winzige Einzelteile übrig waren. Unter Gekicher und Gejohle kickten wir sie kreuz und quer über den Schulhof. Das war toll.

Noch toller war es allerdings, dass ich zwei Mädels an meiner Seite hatte, auf die ich mich blind verlassen konnte, wenn es wirklich darauf ankam. Die eine stark und schlau und die andere mutig und schön wie keine zweite.

Das erste Ende

Und so lebten sie glücklich bis an das Ende ihrer Tage. So enden Märchen. Beziehungen eher nicht. Das ist aber normal. Man lernt sich kennen. Man verknallt und entknallt sich. Wenn man Glück hat, war die Zeit dazwischen schön und man erinnert sich gerne an seinen ersten Freund zurück. Denn ob du es glaubst oder nicht, deinen ersten festen Freund vergisst du nie. Selbst meine Oma kann sich noch an ihren ersten Freund erinnern. Und die wird bald neunzig! Laut Oma war er übrigens ein kolossaler Trottel, der auf den Namen Ronnie hörte.

Deshalb ist es meiner Meinung nach auch so wichtig, dass das Ende einer Beziehung so harmonisch wie möglich verläuft. So gut das eben geht. Hast du das Gefühl, dass eure Beziehung in einer Sackgasse steckt und ihr sie lieber beenden solltet, sprich offen und ehrlich darüber. Schluss machen via SMS, Facebook und Co. ist feige und hinterlässt einen bitteren Nachgeschmack, der eure schöne gemeinsame Zeit nachträglich versaut. Sei also ehrlich, aber rechne mit Unverständnis, Wut und vor allem: gekränkter Eitelkeit. Es kann durchaus sein, dass er sehr fies reagiert. Nimm es hin. Er muss mit seiner Enttäuschung klarkommen, und er wird es auch.

Und du wirst nach eurer Beziehung ganz viel für dein weiteres Leben gelernt haben. Wie das so geht, mit den Jungs, was es bedeutet, ein Paar zu sein, wie schön und wie schrecklich das alles ist. Und dass die Welt manchmal verrückt spielt.

Seit dem Handyfiasko sind mittlerweile fast zwei Monate vergangen und mit Marvin verstehe ich mich inzwischen wieder ganz gut. Er hatte sich bei mir entschuldigt – für das Verhalten der beiden Deppen und für seine Feigheit, sich nicht ohne Wenn und Aber auf meine Seite zu schlagen. Seine Freunde, musste er feststellen, waren ihm doch wichtiger gewesen als ich. Und da die Eltern der drei (die armen Eltern) auch ständig zusammenhockten, konnte er ihnen auch nicht aus dem Weg gehen. Einfacher machte uns die Aussöhnung, dass Justin und Sven unter anderem wegen der Fotosache von der Schule geflogen waren. Sven, der Trottel, hatte sich allen Ernstes bei unserer Direktorin darüber beschwert, dass wir sein edles Smartphone zerstört hatten. Nachdem die aber den Grund dafür erfuhr, wurden nicht wir, sondern Sven und Justin sofort bestraft. Marvin ist bei uns geblieben und ich bin froh, dass wir uns wieder gut verstehen, auch wenn mit uns beiden nie mehr was laufen wird. Der erste Freund ist, egal wie blöd er auch gewesen sein mag, ein wichtiger Teil deines Lebens. Und so war es auch Marvin, obwohl er nicht meine erste ganz große Liebe war. Die wartet noch da draußen auf mich.

Auch mit David ist mittlerweile wieder alles im Lot. Aus Rache für meine Lästerei hat er mit den Fröhlichen Pessimisten einen fiesen Song über mich geschrieben. Die Musik dazu ist etwas melodiöser als bei den Liedern, die ich bisher von David kannte. Und ich muss zugeben, der Song gefällt mir richtig gut.

Mit Lore verstehe ich mich übrigens auch wieder super und selbst mit Jette komme ich ziemlich gut klar. Wir verbringen zwar kaum Zeit miteinander, weil wir einfach viel zu unterschiedlich sind, und wir streiten uns auch noch häufig, aber nie richtig böse. Wir beide wissen: Wann auch immer eine von uns Hilfe braucht, kann sie sich auf die andere verlassen. Und wenn das nicht die tollste Umschreibung für Schwestern ist, dann weiß ich es auch nicht.

Fröhliche Pessimisten: Hey, little sister

Dein Herz ist groß und du bist klein,
die Zunge spitz wie'n Messer.
Mit Worten machst du alle platt,
hör zu, ich kann das besser!

Hey, little sister, don't you think
it's time to make a change?

'n Plastikpanzer um dein Herz,
'n Leuchtschwert anstatt Puder.
Leg deine Rüstung ab, du Wicht!
Befehl vom Imperator!

Hey, little sister, don't you think
it's time to make a change?

Du spielst erwachsen und tust cool,
doch wenn's drauf ankommt, wirst du winzig.
Vielleicht hast du's noch nicht gecheckt:
Dein Herz ist größer als eins fünfzig!

Hey, little sister, don't you think
it's time to make a change?

© Thekla Ehling

Frank Schmeißer lebt in Köln und ist seit Jahren renommierter Drehbuchautor u. a. für TV Total, Stromberg, Hilfe! Hochzeit! – Die schlimmste Woche meines Lebens, Ralf Schmitz und Elton TV. 2011 erschien sein erster Kinderbuchroman „Schurken überall!“ im Ravensburger Buchverlag; 2012 „Schurken am Ball!“.